浙江省哲学社会科学重点研究基地"浙江省科学发展观与浙江发展研究中心"研究成果

浙江舟山群岛新区行政体制改革研究

孙建军　丁友良　何　涛　编著

知识产权出版社

全国百佳图书出版单位

图书在版编目(CIP)数据

浙江舟山群岛新区行政体制改革研究／孙建军，丁友良，何涛编著.—北京：知识产权出版社，2016.1

ISBN 978－7－5130－3939－0

Ⅰ.①浙… Ⅱ.①孙… ②丁… ③何… Ⅲ.①区(城市)—体制改革—研究—舟山市 Ⅳ.①D675.53

中国版本图书馆 CIP 数据核字(2015)第 292547 号

责任编辑:王　辉　　　　　　　　责任出版:孙婷婷

浙江舟山群岛新区行政体制改革研究
ZHEJIANG ZHOUSHAN QUNDAO XINQU XINGZHENG TIZHI GAIGE YANJIU

孙建军　丁友良　何　涛　编著

出版发行:知识产权出版社有限责任公司　　　网　　址:http://www.ipph.cn

电　话:010－82004826　　　　　　　　　　　　　　　　http://www.laichushu.com

社　址:北京市海淀区马甸南村1号　　　　邮　编:100088

责编电话:010－82000860 转 8381　　　　　责编邮箱:wanghui@cnipr.com

发行电话:010－82000860 转 8101/8029　　发行传真:010－82000893/82003279

印　刷:北京中献拓方科技发展有限公司　　经　销:各大网上书店、新华书店及相关专业书店

开　本:720 mm×1000 mm 1/16　　　　　印　张:11.5

版　次:2016 年 1 月第 1 版　　　　　　　印　次:2016 年 1 月第 1 次印刷

字　数:190 千字　　　　　　　　　　　　定　价:36.00 元

ISBN 978－7－5130－3939－0

前　言

国家级新区是由国务院批准设立,承担国家重大发展和改革开放战略任务的国家级综合功能区。实践证明,行政体制改革是一项事关全局、影响深远的基础性、先导性任务,是推进治理现代化的体制机制建设的关键,在国家级新区开发开放进程中扮演着举足轻重的角色。作为国家战略,国家级新区在行政体制改革与创新的探索中通常享有先行先试的权利,对全国范围内的行政体制改革起到先导和示范作用。

2011 年 6 月 30 日,国务院批复设立浙江舟山群岛新区。2013 年 1 月 17 日,国务院批复《浙江舟山群岛新区发展规划》。2013 年 8 月,浙江舟山群岛新区充分发挥先行先试优势,积极推进行政体制改革创新,探索建立了与现阶段新区开发开放相适应的机构精简、职能综合、结构合理、运作高效的行政体制,取得了明显成效。在全国有序推进全面深化改革之际,适应新一轮行政体制改革发展趋势,全面、系统地研究浙江舟山群岛新区行政体制改革的实践探索,深入挖掘其创新特色,明确其深化方向,这不仅有利于浙江舟山群岛新区自身从更深层次、更广范围、更高水平推进行政体制改革,也有利于为其他区域行政体制改革提供先行先试的样板,还有利于为全国部分领域深化改革、推进治理现代化的体制机制建设提供经验借鉴,具有十分重要的理论价值和现实意义。

本著作作为 2014 年度浙江省哲学社会科学重点研究基地(浙江省科学发展观与浙江发展研究中心)课题"浙江舟山群岛新区行政体制改革研究"(编号:14JDKF03YB)的最终研究成果,在三个方面取得创新:一是本研究首创性地提出国家级新区行政体制改革五个方面的内在要求,即战略导向性、职能科学性、结构适应性、运行高效性、经验示范性,这对深化国家级新区行政体制改革具有普遍的理论指导意义;二是本研究不仅对其他国家级新区行政体制改革的经验进行比较研究,而且创新性地提出了浙江舟山群岛新区"四型"特征,即全国唯一依托地级市建立的"全域型"新区、全国唯一的"群岛型"新区、全国第一个"省辖型"新区、全国第一个以海洋经济为主题的"后发型"新区,并深入挖掘了浙江舟山群岛新区行政体制改革在领导管理体制、经济功能区职能定位、部门机构设置、选人用人机制等方面的特色,从而为这一领域的比较研究进行了有益的尝试;三是本研究是以浙江舟山群岛新区行政体制改革作为研究对象的第一部著作,围绕"内在要求——经验启示——现实基础——学理依据——实践探索——创新特色——发展趋势——未来展望"的逻辑,对其行政体制改革进行了全面、系统地研究,这不仅拓宽了国家级新区行政体制改革的研究范围,丰富了这一领域的研究内容,而且还明确了深化改革方向,具有一定的现实参考价值。

本书在编著过程中得到了多位领导的肯定和鼓励,得到了浙江省哲学社会科学发展规划领导小组、中共浙江省委党校和中共舟山市委宣传部的出版经费资助,得到了中共舟山市委组织部、舟山市机构编制委员会办公室、中共舟山市委党校、舟山市市场监督管理局、舟山市综合行政执法局、舟山市审批服务与招投标管理委员会等单位的大力支持,也得到了林德伟、龚鹰、林巧、季扬沁等课题组成员和陈盈盈、熊良敏、王一理、石超、吴似真等多位朋友、同事的鼎力相助,在此一并表示感谢!

囿于研究能力水平和时间仓促,本书还存在许多不足之处,敬请各位读者批评指正。

编　者

2015 年 10 月

目 录

第一章　国家级新区行政体制的内在要求

第一节　国家级新区概况

在我国改革开放 30 多年历程中,除 20 世纪 80 年代出现的经济特区以及 2005 年以后出现的国家综合配套改革试验区之外,近 20 年来尤其是近 10 年来,国家级新区正成为一种在更深层次制度改革领域内,引领着区域发展的国家改革战略,对促进经济发展、扩大对外开放、推动改革创新发挥了重要作用。自 20 世纪 90 年代开始启动国家级新区建设以来,截至 2015 年 9 月 16 日,我国共设立 15 个国家级新区,分别是:上海浦东新区、天津滨海新区、重庆两江新区、浙江舟山群岛新区、甘肃兰州新区、广州南沙新区、陕西西咸新区、贵州贵安新区,青岛西海岸新区、大连金普新区、四川天府新区、湖南湘江新区、南京江北新区、福建福州新区、云南滇中新区。

"上海浦东新区是我国第一个国家级新区,'城市新区'的概念随之在全国得到推广和普及,而天津滨海新区的建立,则标志着我国城市功能区建设进入'新区'时代"。[①] 由于各个国家级新区的区域位置、资源优势、发展基础、发展方向等各不一样,因此国家对各个国家级新区的战略定位、发展目标的规划各不相同,各有侧重(见表 1-1)。

---

① 曹云.国家级新区比较研究[M].北京:社会科学文献出版社,2014.

表1-1　国家级新区战略定位与发展目标对比

国家级新区名称	设立时间	战略定位与发展目标
上海浦东新区	1992 年 10 月 11 日	在强化国际金融中心、国际航运中心的环境优势、创新优势和枢纽功能、服务功能方面积极探索、大胆实践,努力建设成为科学发展的先行区、"四个中心"(国际经济中心、国际金融中心、国际贸易中心、国际航运中心)的核心区、综合改革的试验区、开放和谐的生态区
天津滨海新区	2006 年 05 月 26 日	我国北方对外开放的门户、高水平的现代制造业和研发转化基地、北方国际航运中心和国际物流中心,逐步成为经济繁荣、社会和谐、环境优美的宜居生态型新城区
重庆两江新区	2010 年 05 月 05 日	统筹城乡综合配套改革试验的先行区,内陆重要的先进制造业和现代服务业基地,长江上游地区的金融中心和创新中心,内陆地区对外开放的重要门户,科学发展的示范窗口
浙江舟山群岛新区	2011 年 06 月 30 日	浙江海洋经济发展的先导区、海洋综合开发试验区、长江三角洲地区经济发展的重要增长极。发展目标:舟山群岛新区将建成中国大宗商品储运中转加工交易中心、东部地区重要的海上开放门户、中国海洋海岛科学保护开发示范区、中国重要的现代海洋产业基地、中国陆海统筹发展先行区
甘肃兰州新区	2012 年 08 月 20 日	西北地区重要的经济增长极、国家重要的产业基地、向西开放的重要战略平台和承接产业转移示范区,带动甘肃及周边地区发展、深入推进西部大开发、促进我国向西开放
广州南沙新区	2012 年 09 月 06 日	粤港澳优质生活圈和新型城市化典范、以生产性服务业为主导的现代产业新高地、具有世界先进水平的综合服务枢纽、社会管理服务创新试验区,打造粤港澳全面合作示范区
陕西西咸新区	2014 年 01 月 06 日	西安国际化大都市的主城功能新区和生态田园新城;引领内陆型经济开发开放战略高地建设的国家级新区;彰显历史文明、推动国际文化交流的历史文化基地;统筹科技资源的新兴产业集聚区;城乡统筹发展的一体化建设示范区

续表

国家级新区名称	设立时间	战略定位与发展目标
贵州贵安新区	2014 年 01 月 06 日	内陆开放型经济新高地、创新发展试验区、高端服务业聚集区、国际休闲度假旅游区、生态文明建设引领区,建成功能完善、环境优美、幸福宜居、特色鲜明的国际化山水田园生态城市
青岛西海岸新区	2014 年 06 月 03 日	建设创新开放、幸福国家级新区,打造山东半岛蓝色经济区的战略支点和全国海洋经济发展的示范平台
大连金普新区	2014 年 06 月 23 日	我国面向东北亚区域开放合作的战略高地、引领东北地区全面振兴的重要增长极、老工业基地转变发展方式的先导区、体制机制创新与自主创新的示范区、新型城镇化和城乡统筹的先行区
四川天府新区	2014 年 10 月 02 日	以现代制造业为主的国际化现代新区,内陆开放经济高地、宜业宜商宜居城市、现代高端产业集聚区、统筹城乡一体化发展示范区
湖南湘江新区	2015 年 04 月 25 日	高端制造研发转化基地和创新创意产业集聚区、产城融合城乡一体的新型城镇化示范区、全国"两型"社会建设引领区、长江经济带内陆开放高地
南京江北新区	2015 年 06 月 27 日	自主创新先导区、新型城镇化示范区、长三角地区现代产业集聚区、长江经济带对外开放合作重要平台,努力走出一条创新驱动、开放合作、绿色发展的现代化建设道路
福建福州新区	2015 年 08 月 30 日	两岸交流合作重要承载区、扩大对外开放重要门户、东南沿海重要现代产业基地、改革创新示范区和生态文明先行区
云南滇中新区	2015 年 09 月 07 日	我国面向南亚东南亚辐射中心的重要支点、云南桥头堡建设重要经济增长极、西部地区新型城镇化综合试验区和改革创新先行区

除国家级新区之外,改革开放以来,我国还实施了许多区域发展战略政策。主要可以分为三种类型:

一是经济特区。1979 年 4 月,邓小平同志首次提出要开办"出口特区"。1979 年 7 月,中共中央、国务院同意在广东省深圳、珠海、汕头,以及福建省厦门试办"出口特区",1980 年 5 月"出口特区"名称统一改为"经济特区",截至目前,中国大陆共有 7 个经济特区,分别是深圳、珠海、汕头、厦门、海南岛、喀什和霍尔果斯(见表 1 - 2)。经济特区以减免关税等优惠措施为主要手段,通过鼓励外商投资,创造良好投资环境,以促进区域经济技术发展,这类区域以深圳为代表,实行特殊的经济政策、管理体制和灵活的经济措施,着力发展外向型经济,享有较大的自主权。经济特区最大的特点在于制度兼容性,从而保持了经济特区的高绩效。经济特区的主要发展经验有:完善投资的硬件环境与软件环境,发挥内联与外引共同作用,建立灵活有效地以适应国家市经济和区域经济发展规律的体制机制模式。经济特区"是在我国缺少对外经济交往经验、国内法律体系不健全的形势下设立的,其基本的发展策略就是在一定时期内通过中央政府给予的政策优势和区位优势二者合力,使经济以超出一般地区的速度成长,成为对外交流的窗口和对内示范的榜样。"①经济特区改革主要是在"没有涉及利益关系重构的情况下通过资源重新配置获取新的收益",②因此,经济特区的改革符合"帕累托改进",可以在短时期内取得突破性成功。但当改革进入"深水期",改革已不再是以经济为唯一主线时,而是面临着极其复杂的利益关系、行政与社会领域纠结所形成的复合问题,这时,经济特区的转型,或者说"新经济特区"的出现就势在必行。于是,诞生于20世纪七八十年代,飞速成长于90年代,标志着中国改革开放的进一步发展的经济特区,在1992年上海浦东新区设立后,这种发展模式逐渐转移到国家综合配套改革试验区和国家级新区。回顾改革历程,从经济特区到国家综合配套改革试验区、国家级新区的变迁,具有其深刻的改革历史必然性。

表1-2 中国经济特区列表

经济特区名称	批准时间	所在省份
深圳经济特区	1980 年 08 月	广东省
珠海经济特区	1980 年 08 月	广东省
厦门经济特区	1980 年 10 月	福建省
汕头经济特区	1981 年 10 月	广东省
海南岛经济特区	1988 年 04 月	海南省
喀什经济特区	2010 年 05 月	新疆维吾尔自治区
霍尔果斯经济特区	2014 年 06 月	新疆维吾尔自治区

---

① 陈振明,李德国.国家综合配套改革试验区的实践探索与发展趋势[J].中国行政管理,2008(11).
② 陈振明,李德国.国家综合配套改革试验区的实践探索与发展趋势[J].中国行政管理,2008(11).

二是国家综合配套改革试验区。国家综合配套改革试验区是国家为推进包括经济在内的一系列综合改革试验而设定的区域。在经济特区模式发展到一定程度时,必然面临"对改革的利益关系、民生基础和政府结构进行重构和调整","以往缺乏系统性、注重经济增量的一系列单项式改革所引发的矛盾已经超越了经济范畴,扩展为大量的社会公共问题,这些社会压力构成了继续深化改革的新屏障"[①],改革如何寻找新的突破点,成为国家重大战略任务,综合配套改革试验区应运而生。区别于经济特区,国家综合配套改革试验区往往被称为"新特区"。综合配套改革试验区以全方位改革试点为主要特征,是以全面制度体制建设推进改革的系统过程,核心在于"综合配套","将结合具体区域的实践特点,先行地方政府试验一些具有国家层面意义的重大改革开放措施,通过综合配套改革推进区域经济的发展"。[②] 目前我国共设立 12 个国家综合配套改革试验区。[③]

根据国家发展改革委相关表述,综合配套改革试点工作:一是强调为"又好又坏"的发展破除体制障碍提供机制保障,二是为改革探路、为体制创新积累先行先试的经验,但综合配套改革不会遍地开花,而是选择一些具备条件的地方,依据各个地方的实际情况和改革需要来开展。[④] 2015 年 9 月,国家发改委印发《进一步做好国家综合配套改革试验区工作的意见》(发改经体〔2015〕2011 号),强调建立改革的试错容错机制,最大宽容改革失误,保护改革积极性。国家综合配套改革试验区与以往的经济特区相比,主要有三个特点:一是改革的驱动力从国家政策支持向地方制度自主创新转变,二是改革的深度从单纯的经济发展向复杂的综合改革转变,三是改革的广度从单一的城市发展向整体的区域进步转变。[⑤] 综合配套试验区与上海自由贸易试验区相比,他们共同之处在于,都"承担了先行先试的改革任务,都是改革的重要试验平台";都"承担着通过改革试验来提供可复制、可推广经

① 陈振明,李德国.国家综合配套改革试验区的实践探索与发展趋势[J].中国行政管理,2008(11).

② 陈振明,李德国.国家综合配套改革试验区的实践探索与发展趋势[J].中国行政管理,2008(11).

③ 12 个国家综合配套改革试验区分别是:上海浦东新区综合配套改革试点,天津滨海新区综合配套改革试验区,重庆市全国统筹城乡综合配套改革试验区,成都市全国统筹城乡综合配套改革试验区,武汉城市圈全国资源节约型和环境友好型社会建设综合配套改革试验区,长株潭城市群全国资源节约型和环境友好型社会建设综合配套改革试验区,深圳市综合配套改革试点,沈阳经济区国家新型工业化综合配套改革试验区,山西省国家资源型经济转型综合配套改革试验区,浙江省义乌市国际贸易综合改革试点,厦门市深化两岸交流合作综合配套改革试验区,黑龙江"两大平原"现代农业综合配套改革试验区。

④ 《我国已批准 12 个国家综合配套改革试验区》,新华网,2014 年 6 月 10 日,http://news.xinhuanet.com/politics/2014-06/10/c_1111068893.htm

⑤ 陈振明,李德国.国家综合配套改革试验区的实践探索与发展趋势[J].中国行政管理,2008(11).

验的任务",当然,他们也有侧重,"包括综合配套改革的这 10 多个试验区本身试验的重点、任务、具体目标也都各有侧重,和上海自贸区的具体试验内容也有不同"。① 在目前设立的 12 个国家综合配套改革试验区中,包括开发开放、统筹城乡、"两型"社会、新型工业化道路、农业现代化、资源型经济转型 6 种主题类型(见表 1 – 3)。

表 1 – 3 国家综合配套改革试验区列表

名称	时间	主题类型	重点改革领域
上海浦东新区综合配套改革试点	2005 年 06 月	开发开放	着力转变政府职能,着力转变经济运行方式,着力改变城乡二元经济与社会结构,率先建立起完善的社会主义市场经济体制,为推动全国改革起示范作用
天津滨海新区综合配套改革试验区	2006 年 06 月	开发开放	坚持体制改革与其他方面的改革相结合,根据天津滨海新区实际,先行试验一些重大改革开放措施,率先基本建立完善的社会主义市场经济体制
重庆市全国统筹城乡综合配套改革试验区	2007 年 06 月	统筹城乡	全面推进各个领域的体制改革,并在重点领域和关键环节率先突破,大胆创新,尽快形成统筹城乡发展的体制机制,促进城乡经济社会协调发展
成都市全国统筹城乡综合配套改革试验区	2007 年 06 月		
武汉城市圈全国资源节约型和环境友好型社会建设综合配套改革试验区	2007 年 12 月	"两型"社会建设	全面推进各个领域的改革,尽快形成有利于能源资源节约和生态环境保护的体制机制,加快转变经济发展方式,促进经济社会发展与人口、资源、环境相协调,切实走出一条有别于传统模式的工业化、城市化发展新路
长株潭城市群全国资源节约型和环境友好型社会建设综合配套改革试验区	2007 年 12 月		

---

① 《我国已批准 12 个国家综合配套改革试验区》,新华网,2014 年 6 月 10 日,http://news. xinhuanet. com/politics/2014 – 06/10/c_1111068893. htm

续表

名称	时间	主题类型	重点改革领域
深圳市综合配套改革试点	2009 年 05 月	开发开放	全面深化行政管理体制改革、经济体制改革,积极推进社会领域改革,完善自主创新体制机制,全面创新对外开放和区域合作的体制机制;建立资源节约环境友好的体制机制
沈阳经济区国家新型工业化综合配套改革试验区	2010 年 04 月	新型工业化道路探索	逐步建立科技含量高、经济效益好、资源消耗低、环境污染少、人力资源优势得到充分发挥的新型工业化发展模式,在重点领域和关键环节的改革上锐意进取,取得新突破
山西省国家资源型经济转型综合配套改革试验区	2010 年 12 月	资源经济转型	加快产业结构的优化升级和经济结构的战略性调整,加快科技进步和创新的步伐,建设资源节约型和环境友好型社会,统筹城乡发展,保障和改善民生
浙江省义乌市国际贸易综合改革试点	2011 年 05 月	开发开放	在国际贸易重点领域和关键环节深化改革、先行先试,探索建立新型贸易体制机制,尽快在贸易管理和服务、现代商贸流通体系建设、开放型经济体系建设、政府职能转变等方面取得突破,促进出口产品结构优化和产业转型升级,推动区域经济社会协调发展
厦门市深化两岸交流合作综合配套改革试验区	2011 年 12 月	开发开放	创新两岸产业合作发展的体制机制,创新两岸贸易合作的体制机制,建设两岸区域性金融服务中心,创新两岸文化交流合作的体制机制,创新便利两岸直接往来的体制机制
黑龙江"两大平原"现代农业综合配套改革试验区	2013 年 06 月	农业现代化	在创新农业生产经营体制、建立现代农业产业体系、创新农村金融服务、完善农业社会化服务体系、统筹城乡发展等方面开展改革试验

　　三是各类开发区、试验区、区域发展规划。各类开发区、专项试验区和各类区域发展规划涉及的内容则更为细致,往往承担的是某项专题改革创新任务或者区

域改革任务。如2012年3月28日国务院批准设立的"温州市金融综合改革试验区",确立了十二项主要试验任务,包括规范发展民间融资、加快发展新型金融组织、发展专业资产管理机构、研究开展个人境外直接投资试点探索建立规范便捷的直接投资渠道、深化地方金融机构改革、创新发展面向小微企业和"三农"的金融产品与服务、培育发展地方资本市场、积极发展各类债券产品、拓宽保险服务领域、加强社会信用体系建设、完善地方金融管理体制、建立金融综合改革风险防范机制,①主要目的就是为引导民间融资规范发展,提升金融服务实体经济能力,为全国金融改革提供经验。

第二节　国家级新区的内涵

国家级新区是由国务院批准设立,承担国家重大发展和改革开放战略任务的国家级综合功能区。② 更进一步地说,国家级新区是国家区域协调发展总体战略的重要组成部分,承担某项国家战略的探索,其战略定位、总体发展目标均由国务院统一规划和审核,相关权限和优惠政策由国务院直接批复,在区内进行制度改革与体制机制创新探索的特殊区域,其发展不仅关系到某一区域的经济社会发展,更关系到我国经济社会发展的总体战略实施和布局。

一、国家级新区的基本内涵

从目前来看,学术层面对于"国家级新区"的定义与含义并未明确,我们认为,"国家级新区"兼具经济特区和国家综合配套试验区的双重内涵,并具有部分试验区、开发区功能。具体来说,至少包含以下几层含义:一是承担国家战略。国家级新区的设立肩负国家区域发展战略和引领区域经济发展重要使命,承担了培育新的经济增长极的历史使命。二是承担综合改革任务。与综合配套改革试验区类似,国家级新区的改革应是全面的,包括经济、社会、文化等方方面面,改革强调制

---

① 《浙江省温州市金融综合改革试验区总体方案》,温州市人民政府金融工作办公室网站,2012年3月12日。

② 此定义来源于:《国家发展改革委关于推动国家级新区深化重点领域体制机制创新的通知》(发改地区〔2015〕1573号)。

度内生动力,创新建立适应经济社会发展要求的体制机制,彰显国家级新区的历史定位。三是承担试验区功能。国家级新区享有"先行先试"特殊权力,不单单承担引领区域经济发展,更为重要的是"突出体现落实国家重大改革发展任务和创新体制机制的试验示范作用"①,国家级新区得出的成功经验,可以作为全国范围内的改革示范借鉴,与此同时,失败的改革波及范围仅限于新区,对全国经济社会发展不会造成过大的负面影响,这也揭示了国家级新区制度创新的风险性和不可预知性。

二、国家级新区的主要特点

国家级新区作为承担国家发展和改革开放战略任务的国家级综合功能区,区别于其他国家区域发展与非国家级城市新区,具有以下特点:

一是在规划审批方面。国家级新区的总体战略定位、发展目标、发展规划都由国务院统一规划、审核,相关特殊优惠政策和权限等由国务院直接批复。

二是在管理权限方面。国家级新区通常享受省级经济社会管理权限。

三是在管理体制方面。国家级新区行政架构有两种:政府或管委会。国家级新区管理体制着重在于建立高效运转的行政管理体制,建立适应新区发展阶段需要的行政管理体制。《关于促进国家级新区健康发展的指导意见》(发改地区〔2015〕778号)明确提出了国家级新区要建立高效运转的行政管理体制的要求,"在符合中央全面深化改革部署要求的前提下,鼓励先行先试,创造可复制、可推广的经验,赋予新区更大自主发展权、自主改革权、自主创新权"。"按照大部制、综合性、简政效能的原则,创新整合行政管理职能,加快建立统一高效的综合管理体制机制",探索与新区发展阶段相适应的行政管理体制,以增强新区行政统筹能力,提高行政效率。②

四是在战略使命方面。国家级新区突出体现落实国家重大改革发展任务和创新体制机制的试验示范作用,深化重大改革创新,核心在于改革开放、先行先试。

五是在发展定位方面。国家级新区既含有城市新区,即城市功能区的含义,同时,也承担着"增长极"的任务,即肩负着带动某一经济区或局部区域的发展要求,是全方位扩大对外开放的重要窗口、创新体制机制的重要平台、辐射带动区域发展

---

① 《关于促进国家级新区健康发展的指导意见》(发改地区〔2015〕778号)。
② 《关于促进国家级新区健康发展的指导意见》(发改地区〔2015〕778号)。

的重要增长极、产城融合发展的重要示范区,凸显出在全国改革开放和现代化建设大局中的战略地位。①（见表1－4）

表1－4　国家级新区主要特点

规划审批	国务院统一规划、审核。
管理权限	省级经济社会管理权限。部分以部省际联席会议制度实现
管理体制	政府、管委会。更大自主发展权、自主改革权、自主创新权。建立高效运转的行政管理机制,建立统一高效的综合管理体制机制
战略使命	改革开放,先行先试。突出体现落实国家重大改革发展任务和创新体制机制的试验示范作用,深化重大改革创新,创造可复制、可推广的经验,发挥在引领改革发展和创新体制机制等方面的试验示范作用
发展目标	全方位扩大对外开放的重要窗口、创新体制机制的重要平台、辐射带动区域发展的重要增长极、产城融合发展的重要示范区

三、国家级新区与经济特区的比较

经济特区是实行特殊经济管理体制和特殊政策,主要以减免关税、提供优惠措施,吸引外商投资和促进出口的特定地区。国家级新区与经济特区相比,主要有以下几点不同:一是经济特区主要依赖于国家给予的政策优势,而国家级新区注重的是制度创新;二是经济特区主要体现的资源吸入功能,而国家级新区更注重的是释放能量,产生带动作用;三是经济特区是在特殊历史时期,针对涉外经济发展而设立的,而国家级新区则是在新的历史背景下,承载国家战略的发展区域。

四、国家级新区与国家综合配套改革试验区的比较

国家综合配套改革试验区是在经济特区发展取得巨大成绩下,同时面临着如何将经济改革与其他改革同步,寻找改革的新突破点的背景下产生的,是为了顺应经济全球化与区域经济一体化趋势,以及完善社会主义市场经济体系的内在要求,国家建立的以制度创新为主要动力,以全方位改革试点为主要特征,对全国社会经

---

① 《关于促进国家级新区健康发展的指导意见》(发改地区〔2015〕778号)。

济发展带来深远影响的试验区。国家综合配套改革试验区除了具有"经济特区"、经济开发区等内涵之外,还涉及政治、社会、文化等方方面面的改革,是一项以全面制度创新推进改革的系统工程。国家级新区与国家综合配套改革试验区同为经济特区之后更宽范围、更深层次的国家区域改革发展战略,各有异同。他们的共同点主要有:一是在国家层面,国家级新区与国家综合配套改革试验区均承担着国家战略,要有效提升所在地区经济社会改革发展,同时要为全国区域发展提供示范和带动作用;二是在改革的范围方面,国家级新区与国家综合配套改革试验区均具有综合改革内涵,不仅局限于经济改革,而是全方位改革、系统改革;三是在改革的动力方面,国家级新区与国家综合配套改革试验区均倾向于通过制度创新形成改革的内生动力;四是在改革的权限方面,国家级新区与国家综合配套改革试验区均承担着"先行先试"的改革探索任务。从不同之处来看:一是国家级新区与国家综合配套改革试验区的区域范围往往不一样,除上海浦东新区、天津滨海新区与对应的国家综合配套改革试验区区域范围一样之外,其他国家级新区均在 500~2000 平方千米,一般为直辖市、省会城市、计划单列市的部分区域(浙江舟山群岛新区为舟山市全部行政区域),而国家综合配套改革试验区往往为一个市、省,甚至是城市圈、城市群的范围,如成都市、深圳市、重庆市、山西省、武汉城市圈、长株潭城市群等。二是国家级新区承担着城市功能区的概念,而国家综合配套改革试验区没有。三是承担的国家战略方面,国家级新区一般较为具体,而国家综合配套改革试验区则较为宏观。

五、国家级新区与国家级经济技术开发区的比较

经济开发区是我国为实行改革开放政策而设立的现代化工业、产业园区,主要目的在于解决长期存在的诸如机构臃肿效率低、行政审核手续繁杂等制约经济社会发展体制问题。国家级经济技术开发区是由国务院批准成立,是中国对外开放的重要组成部分,在我国经济技术开发区居于最高地位。国家级经济技术开发区大都位于各省、市、自治区的省会城市,副省级城市,计划单列市,以及部分中小城市,在其中划定小块区域,集中力量建设完善的基础设施,创建符合国际水准的制度环境,主要通过吸引外资,形成以高新技术产业或特色产业为主的现代工业体系,成为所在城市及周边地区经济发展重点区域。从 1984 年国务院首批批准 14个沿海城市国家级经济技术开发区以来,截至目前,我国共设立 219 个国家级技术

开发区①。国家级经济技术开发区核心在于"园区概念",而国家级新区则是"城市新区"、"功能区",这是二者本质的不同。他们的主要区别有以下几点:一是从发展定位来看,国家级经济技术开发区核心定位在于发展经济,而国家级新区则着眼于提升城市综合功能并承担区域经济增长极战略任务;二是从发展规模来看,国家级新区的规模比国家级经济技术开发区要大,许多国家级新区中包含了一个甚至多个国家级经济技术开发区,部分国家级新区则是在国家级经济技术开发区发展的基础上设立;三是从管理体制来看,国家级经济技术开发区一般采用管委会形式,单纯从事经济发展功能,其辖区内的社会事务则由所在行政区来承担②,而国家级新区往往综合采用管委会、政府、经济功能区(经济开发区)等多种管理形式,除承担经济发展功能之外,通常兼顾社会事务。

第三节　行政体制的内涵

行政体制又称行政管理体制,主要指政府系统内部中的行政权力划分、机构设置、职能配置、运行机制等各种关系和制度的总和,它有国家的基本政治制度规定,受国家经济制度、文化传统等因素的制约;其核心是行政权力的划分和行政职能的配置。③ 行政体制产生、发展源远流长,伴随国家的产生和发展。"行政",又称行政管理、公共行政、公共行政管理,英文为"Public Administration",是指国家行政机关及其工作人员在开展其活动中,为实现各种行政目标与价值追求而进行的包括决策、组织、协调、管理、调控、监督等各种行政行为的总和。"体制",《辞海》解释为,国家机关、企事业单位在机制设置、领导隶属关系和管理权限划分等方面的体系、制度、方法、形式等的总称。一般来说,在"行政"话语体系下的"体制"主要是指国家机关。在这个语境下,"体制"包含两层意思:一是组织机构设置;二是组织机构的活动原则与组织方式,即如何规范行政机构运行方式、行为及组织方式。可见,体制优劣与行政效能的高低、行政机构的设置是否合理、机构内部是否统一协

---

① 数据来源于中华人民共和国商务部网站,http://www.mofcom.gov.cn/xglj/kaifaqu.shtml
② 曹云.国家级新区比较研究[M].北京:社会科学文献出版社,2014.
③ 戴维新:《改革开放30年我国行政管理体制改革的回顾与前瞻》,载《全国深化行政管理体制改革研讨会论文汇编》,http://politics.people.com.cn/GB/8198/140124/140126/8445398.html

调、机构间及机构与外部环境的关系是否和谐等一系列问题密切相关。

行政体制是政治体制的重要组成部分，准确理解其内涵还须把握以下四点：

其一，行政职能是建立行政机构的根本依据。职能一词包含两层意思，一是职责，二是功能，职能是职责与功能的统一体。行政职能体现了公共行政的本质要求，是确定各级政府权力范围和任务的基础，反映行政机构活动的基本方向、根据任务及主要作用。任何一个政府机关的权力设置、机构规模、组织形式和管理模式都必须根据已经确定的职能来进行，否则就有可能导致职能的越位、缺位和错位。同时，行政机构是行政职能的基本载体，行政职能的发挥必须依托其进行，否则就会成为"无根之木"。

其二，行政权力的配置是行政体制的核心内容。权力是一定主体对一定客体的支配。行政权力和行政职能之间是手段与目的的关系，行政职能的设定为各级行政机构确定工作的价值目标和任务方向，而行政权力的配置则为行政机构创造完成这些任务的条件与途径。行政权力配置包括行政权力在中央与地方各级政府之间的配置，在互不隶属的同级机构之间的配置，以及在具体一个机构中的各个部门的配置，因此，行政权力配置必须与其实际职能联系在一些，各个行政机构的地位和权限，主要由其权力配置来决定。

其三，运行规则是行政体制要遵行的基本规则。"运行"本是一个物理学术语，指物体运动和行进的过程，强调物体的一种运动状态。行政权力的运行规则是各级行政机构和部门之间在职能定位和权力配置的基础上，行政权力在行政系统内的运作过程。行政权力的运行贯穿于行政权力行使的所有环节，是引导、规范和制约行政权力运行基本轨迹的制度体系。由于行政权力运行涉及人事、资金等大量公共资源的配置和使用，所以，行政权力运行规则就显得尤为重要。引导和制约行政权力运行的应该是一套公开、透明、明确的科学规则体系。在市场经济深入发展的时代，传统权力运行规则在逐渐瓦解，而新的权力与权利运行规则尚未发展成熟，因此容易导致行政权力运行偏离正常轨道，背离行政权力设置初衷。

其四，行政法治的保障是行政体制的重要基础。法治视角下的行政权力，是指各级行政机构，以及依法履行公共管理和服务职能的行政主体，在履行其公共行政职能的过程中，依照法律法规的规定所享有的影响力、支配力。以行政法学观点来看，行政法治就是以法律作为公共行政的基本依据。如果背离"职能法定""法无明文授权不得为"原则，缺乏严格、刚性的法律制度规范，行政机构就容易出现职能交叉。如果缺乏对权力配置和运行的法律规范和监督,制度性腐败和"潜规则"就会盛行。因此,行政体制不可能回避法律的价值与作用,法治保障与职能定位、权力配置、运行规则等环节一样有着十分重要的地位。

无论是基于传统还是契合当下情境,行政体制的合理、高效、科学一直是公共行政的永恒追求,行政体制改革便成为一个恒久长存的命题。行政体制是围绕行政职能的设定、行政权力的配置、行政运行规则的确定、行政法制的保障而形成的制度体系,而这一系列因素决定了行政体制改革成为政治体制改革的重要组成部位,是上层建筑适应经济发展的必然要求,贯穿我国改革开放和社会主义现代化建设全过程。因此,行政体制改革的目的就是科学合理的设计、建立和完善相应的制度机制,以保障行政管理的科学、高效。

党中央、国务院历来重视行政管理体制改革。改革开放以来特别是党的十六大以来,加强政府自身建设,不断推进行政管理体制改革,已成为改革的重中之重。党的十八大报告明确指出要"深化行政体制改革"。党的十八届三中全会对全面深化改革做出了战略部署,全会通过的《中共中央关于全面深化改革若干重大问题的决定》,明确提出"全面深化改革的总目标是完善和发展中国特色社会主义制度,推进国家治理体系和治理能力现代化",要"切实转变政府职能,深化行政体制改革,创新行政管理方式,增强政府公信力和执行力,建设法治政府和服务型政府"[1]。习近平总书记反复强调,改革是当代中国发展进步的活力之源,是党和人民事业大踏步赶上时代的重要法宝。必须以更大的政治勇气和智慧,不失时机地深化重要领域改革。李克强总理提出,改革是最大的红利,要勇于打破固有利益格局和行政区域限制,调整利益预期,在法律框架内大胆、灵活地推进改革,先行先试。作为全面深化改革的重要内容,行政体制改革主要包括两方面:一方面,全面正确履行政府职能,辩证地处理好政府和市场的关系,推进简政放权、深化行政审批制度改革,加强发展战略、规划、政策、标准等的制定与市场活动监管;另一方面,不断完善政府组织结构,对机构设置、职能配置、工作流程等进行优化,建立决策权、执行权、监督权既相互制约又相互协调的行政运行机制。[2] 经过多年的努力,行政体制改革与政府职能转变迈出了重要步伐,取得了明显成绩,但是,现行行政

① 《中共中央关于全面深化改革若干重大问题的决定》,新华网,2013 年 11 月 15 日。
② 《中共中央关于全面深化改革若干重大问题的决定》,新华网,2013 年 11 月 15 日。

管理体制依然存在许多不相适应的地方,比如政府机构设置不优、职责不明、权责不等、运行不顺、监督不严,对微观事务和经济运行的干预仍然过多,社会管理和公共服务职能仍然比较薄弱等。这些问题的存在,一定程度上制约着经济社会发展的快速、良性发展,甚至成为发展的桎梏,必须通过深化改革加以破解。

第四节　国家级新区行政体制的内在要求

新区行政管理体制是指新区的职能结构、权力结构、组织结构、人事制度和运行机制等多种要素的有机整体。其中,职能构成新区行政管理体制的基本条件,权力的划分与设置构成新区行政管理体制的核心,新区所属的机构组织是新区行政管理体制得以运行的载体,而权力的运行机制则是新区行政管理体制的灵魂。作为国家战略,国家级新区设立、总体发展目标、发展定位等均由国务院统一进行规划和审核,相关特殊优惠政策和权限等由国务院直接批复,且在特定领域的制度改革与创新的探索工作中被授予"先行先试"的权利。为此,相比于一般性功能区,国家级新区行政体制改革内在地体现出五个方面要求。

一、战略导向性

国家级新区的根本性质在于承担国家重大发展和改革开放战略任务。作为国家区域协调发展总体战略的重要组成部分,国家级新区往往被赋予特殊的国家战略使命,其发展不仅关系到某一区域的经济社会发展,更关系到我国总体经济社会发展战略部署与安排。[①] 创新行政体制是高效推进新区建设的基础性和先导性工作。因为国家级新区从根本上而言,就是实施国家的经济社会发展重要战略,实施对内更加搞活、对外更加开放的特殊政策。这一特性决定了新区必须体制创新先行,必须用宽广的胸怀、战略的眼光和全局的观点,紧紧围绕国家赋予的战略使命要求设计,突出国家战略导向。

一是国家级新区行政体制改革应在现有区域政策基础上进行更高的改革试验。国家级新区行政体制改革应该是建立在经济特区和各种综合配套改革试验区

---

① 王佳宁,罗重谱.国家级新区管理体制与功能区实态及其战略取向[J].改革,2012(3).

(新区)改革的基础上,在社会主义市场经济体制逐渐完善、依法治国和建设法治政府的条件下,基于国家战略的需要,为国家某一项战略破题而进行更为独特和更高水平的综合改革试验。

二是国家级新区行政体制改革应肩负着为国家战略实施进行体制机制探索创新的重任。2015年6月19日,在第一次国家级新区工作经验交流会暨新区工作推动会上,国家发展和改革委副主任何立峰表示,要建立健全推进新区发展建设的机制,各新区要根据自身发展特色定位,寻求错位发展。这次会议指出,国家级新区作为承担国家重大发展和改革开放战略任务的国家级综合平台,应该是我国改革开放的先行者、探索者、排头兵,在面对实现"四个全面"战略布局的新要求和经济发展进入新常态的新形势下,急需国家级新区为我国经济社会发展带来新动力、新平台、新体制、新精神。[①]2015年7月,国家发展改革委发布《关于推动国家级新区深化重点领域体制机制创新的通知》,明确了每个新区2015年体制机制创新探索的重点问题(见表1-5)。并强调各个国家级新区要应着眼于服务全国改革开放大局,立足自身基础和特点,结合各自特点和优势,进行重点领域的体制机制创新,切实发挥好新区在引领改革发展和创新体制机制等方面的试验示范作用。

表1-5　国家级新区2015年深化重点领域体制机制创新要求

国家级新区名称	重点领域体制机制创新要求
上海浦东新区	重点围绕深化自由贸易试验区制度创新,在金融、贸易、航运等方面加快构建开放型经济新体制开展探索
天津滨海新区	重点围绕京津协同创新体系建设和港区协调联动开展探索
重庆两江新区	重点围绕打造丝绸之路经济带和长江经济带重要交汇点,推动建立内陆通关和口岸监管新模式开展探索
浙江舟山群岛新区	重点围绕打造江海联运中心,推动建立高效便捷的通关和口岸监管模式开展探索
甘肃兰州新区	重点围绕深化政府服务创新,在建立促进产业集聚和科技创新新机制方面开展探索
广州南沙新区	重点围绕推动自由贸易试验区制度创新,构建与国际投资贸易通行规则相衔接的基本制度框架开展探索

① 武自然.首次国家级新区工作经验交流会举行[N].经济日报,2015年6月19日。

续表

国家级新区名称	重点领域体制机制创新要求
陕西西咸新区	重点围绕推进"一带一路"建设,创新城市发展方式和以文化促发展的有效途径开展探索
贵州贵安新区	重点围绕构建产城融合发展的新机制,以产业集聚促进新型城镇化发展开展探索
青岛西海岸新区	重点围绕提升深远海资源开发能力,形成以海洋科技创新促进海洋产业发展的有效途径开展探索
大连金普新区	重点围绕深化面向东北亚区域开放合作,推动构建现代产业体系开展探索
四川天府新区	重点围绕深化土地管理制度改革,构建有利于产业集聚发展和城乡一体化发展的体制机制开展探索
湖南湘江新区	重点围绕创新生态文明建设体制,推动建立综合性生态补偿机制,走绿色低碳循环发展道路开展探索
南京江北新区	重点围绕实施创新驱动发展战略,以自主创新引领产业转型升级、以制度创新促进区域协同发展开展探索

数据来源:《国家发展改革委关于推动国家级新区深化重点领域体制机制创新的通知》(发改地区〔2015〕1573 号)

　　三是国家级新区行政体制改革应是基于制度的创新。合理的制度安排会极大促进经济社会发展的步伐,反之,无效的制度安排会制约经济社会发展。"国家级新区的设立是为了深度挖掘现有社会制度的问题和弊端,重点在于对深层次问题的提取和解决"①。尤其是在我国已经基本完成从计划经济体制向市场经济体制转型的历史时期,面对新时期生产力发展和深化改革的新要求,国家级新区行政体制改革应重在特定区域进行新的制度的探索。

二、职能科学性

　　行政职能在行政体制中占有重要地位,是确定行政机构权力范围的基础,是建立科学合理的行政机构的根本依据,职能的分配直接影响到行政管理的效率和效

①　丁卫.重庆两江新区发展战略研究[D].西南财经大学学位论文,2012.

能,决定着区域发展方向和效益。党的十八大以来,新一轮行政体制改革提出以中国特色社会主义行政体制为目标,推动建立职能科学、结构优化、廉洁高效、人民满意的服务型政府,其中转变政府职能是深化行政体制改革的核心,也是推进行政体制改革的难点。面对国家战略和区域发展的多样化、社会公共需求的无限性,政府的供给能力始终是有限的,必须科学厘清政府、市场和社会之间的职能关系,明确"该管什么不该管什么",从无限政府走向有限政府。这就要求"必须摆脱计划经济传统模式的束缚,使之与市场经济相适应。这包括与市场经济运行相悖的政府机构、职能、职责将被取消,代之以建立、健全与市场经济要求相适应的一套机构、职能、职责"①,其关键就是要改变政府包办、代替社会管理的局面,从一部分领域中退出,引入竞争机制,推行公共服务市场化,培育社会自治能力,实现"国家权力从经济、社会领域的有序退出,还权于企业,还权于社会"②。对于国家级新区而言,由于管委会和政府的职能定位、权力边界、机构设置、职责分工等问题错综复杂,其职能的科学性不能只是简单地按照"有限政府、有限责任"理念笼统界定,也不能抽象地在结构的"合理性、科层性或者扁平性"之间进行简单选择,而是应该按照新区经济社会改革发展的实际要求,遵循强化行政能力、责任和绩效的原则,以政府职能转变为着眼点和基础,理顺政府内部的责权关系和职责分工,减少职责交叉,合理界定政府部门职能,明确部门责任,确保权责一致。特别要注意功能区与管委会、地方政府之间的职责划分,经济管理与社会管理之间的职能分工。

三、结构适应性

行政体制改革的重要方面是适应经济社会发展环境,调整行政机构内部体制与组织结构,重新进行权力配置,并调整政府与社会之间的关系,高效公平地处理社会公共事务。从历史、现实和国际比较来看,政府规模不是越小越好,政府机构也不是越少越好,"政府规模大小和政府机构多少,取决于经济社会发展需要,服从于政府职能的科学定位、政府结构的优化和政府效能的提高。换句话说,在科学合理定位政府职能的基础上,从优化政府结构和提高政府效能出发,实事求是地确定政府规模和机构数量,需要多大就多大,需要多少就多少。"③可见,政府结构的优

---

① 颜春友.进入21世纪,政府该怎样定位,做什么,怎样做[J].体制改革,2001(2).
② 吴锦良.政府改革与第三部门发展[M].北京:中国社会科学出版社,2001.
③ 薄贵利.深化行政管理体制改革的核心和重点[J].中国行政管理,2009(7).

化对于行政体制而言十分重要。一般来说,政府结构优化,在横向上主要表现为立法、司法和执行部门的权力平衡与制约,在纵向上则强调合理划分事权与财权,以及政府内部的结构合理性①。对于国家级新区而言,必须把优化行政管理结构作为重要工作,包括建立健全合理分权、实现组织结构扁平化、减少行政层级、缩短行政运行纵向链条、实行职能有机统一的大部门制、健全部门间协调配合机制等,使新区的行政体制结构总体上适应承担国家战略使命的职能需求,适应新区不同阶段经济社会的发展水平和社会公众的合理诉求,适应与现有政府行政管理体系的关系。具体在优化结构过程中,要注意三个方面:一是要注意区域适应性。从目前实际来看,国家级新区所处区域情况各不相同,如行政区域大小、行政级别高低、行政层级多少等,不同的区域特点对体制结构有着不同要求。比如涉海区域的国家级新区对于涉海职能部门的设置就有自身的独特需求。二是要注意阶段适应性。新区建设不是一蹴而就的,体制结构也总是根据新区发展阶段的变化而不断调整,"在各阶段具体管理体制的改革创新中,要充分考虑体制机制调整的可行性、可操作性和改革成本"②,以适应不同发展阶段的需要。比如新区在开发启动阶段,势必要凸显开发导向职能,重点关注经济功能区设置。三是要注意不同开发主体适应性。国家级新区往往涵盖许多开发主体,除政府机关、各种管委会之外,还有企业、各类中介组织等不同主体,因此,行政体制结构优化过程中,要注意整合各类开发主体,充分调动其积极性,形成合力。

四、运行高效性

自威尔逊和马克斯·韦伯建立行政学来,效率一直是行政学追求的基本目标,并以此为模式创建了一种行政学范式。③ 可以说,高效性是当代公共行政理论流派共同追求的目标之一,因为"政府相对社会而言,是社会投资的一个成本,社会资源相对有限,政府行政必须考虑效率。政府自身的建设应适应干预社会的需要,政府在组织机构、运行机制、行为方式与手段等侧面都要尽可能满足科学化、技术化

---

① 戴维·奥斯本,特德·盖布勒.改革政府[M].上海:上海译文出版社,1996.
② 陈文权,文茂伟.两江新区行政管理体制架构设计探索——基于对浦东及滨海新区实践的借鉴[J].中共四川省委省级机关党校学报,2012(3).
③ 俞可平.治理与善治[M].北京:社会科学文献出版社,2000.

的要求,力求'最小投入、最在产出'来实现行政高效"①。通过市场机制、民主导向与合作共治,提高政府的行政效率和公共服务质量,是行政体制改革从低效走向高效的必由之路。对于国家级新区来说,行政体制的运行高效性要求是其应有之义。这是因为,只有高效运行的行政体制,才能真正把国家战略要求和本地需求有机结合起来,同步保障国家战略实施和区域经济社会发展;只有高效运行的行政体制,才能在以"壮士断腕"的气魄扫除新区建设的体制机制障碍过程中,真正承担起先行先试的改革重任;只有高效运行的行政体制,才能通过体制创新、简政放权,从体制机制上为各类新区建设主体松绑,真正激发新区发展活力,为新区发展注入不竭动力。

五、经验示范性

从制度变迁模式来看,国家级新区与传统开发区不同之处在于,传统的开发模式是自上而下的推动,地方政府给予开发区优惠政策作为外生推动力,而国家级新区的制度变迁来自于区域范围内的市场主体主动参与,是一种内生动力,同时国家级新区被赋予的"先行先试"权力,可以形成以新区为制度创新源泉并最终形成能够在全国范围内进行推广应用的制度创新。② 可见,作为承担国家战略和先行先试使命的新区,国家级新区不仅要肩负带动区域增长的任务,更为重要的是作为国家制度创新改革的试验田,其所取得的成功经验,应该成为全国范围内的改革示范。为此,2015 年,国家发展改革委明确要求国家级新区应该在全面抓好简政放权、行政管理体制改革、构建市场化营商环境等共性改革任务的同时,重点开展对某项重点领域、重点问题开展体制机制的创新探索,并形成可复制、可推广的经验。③ 这既是对我国经济发展中的战略性问题的回应,也是针对新时期经济社会发展过程中出现的全新问题进行的系统化改革试验。国家级新区行政体制改革作为一项先导性、基础性的工作,理应形成一套具有普遍推广意义的体系和模式,为全国范围内的相关国家战略和区域发展提供借鉴。

---

① 石佑启,杨治坤.论行政体制改革与善治[J].江汉大学学报(社会科学版),2009(1).
② 丁卫:《重庆两江新区发展战略研究》,西南财经大学学位论文,2012 年。
③ 《国家发展改革委关于推动国家级新区深化重点领域体制机制创新的通知》(发改地区〔2015〕1573号)。

第二章　其他国家级新区行政体制
改革的经验启示

从上海浦东、天津滨海、重庆两江[①]三个国家级新区行政管理体制的变迁来看,新区行政管理体制在新区建设过程中扮演着举足轻重的角色,并呈现出规律性、特殊性、动态性、复杂性和工具性等明显特征。

第一节　其他国家级新区行政管理体制
变迁发展的一般趋势

先于舟山群岛新区成立的国家级新区按时间排序分别为上海浦东新区、天津滨海新区与重庆两江新区。由于重庆两江新区设立时间较晚,在行政管理体制上尚待进一步改革,而上海浦东新区与天津滨海新区自成立以来行政管理体制已作了几次大的变革与调整,其实践经验可借鉴更多一些。通过深入研究,可以发现其他新区行政管理体制变迁发展的一般趋势,即新区行政管理体制自新区成立直至未来完善成熟,大致须经历三个阶段,做出三次大的调整。[②]

一、开发启动阶段——新区尚未作为独立行政区[③]

从上海浦东新区、天津滨海新区与重庆两江新区来看,新区范围的划定当初并

---

① 鉴于除上海浦东、天津滨海、重庆两江之外的其他国家级新区成立时间都比舟山群岛新区晚,行政体制改革也均处于起步探索阶段,因此本书选择前三个国家级新区作为经验借鉴研究对象。

② 丁友良.舟山群岛新区行政管理体制创新——基于国家级新区行政管理体制的比较研究[J].中共浙江省委党校学报,2013(5).

③ 行政区也可称为行政区划,即为行政区域的划分,是指国家为了便于实现行政管理,把自己的领土依据政治、经济、民族状况及地理历史条件的不同,划分成若干大小不同、层次不同的区域,建立相应地政权机关。

未完全按照行政区划来,所以新区的开发管理会涉及直辖市内不同区级政府的,为了便于在新区开发过程中的协调管理,新区所属的直辖市都会设立诸如开发办公室、管委会、开发公司等机构。如上海市政府于1990年5月3日设立浦东开发办公室。并设立了四个开发公司,分别是张江科技园区开发公司、外高桥保税区开发公司、金桥出口加工区开发公司和陆家嘴金融贸易区开发公司,负责各自区内的开发建设和招商引资工作。天津市于1994年3月设立滨海新区领导小组,并于1995年6月成立滨海新区领导小组专职办公室,到2000年9月成立滨海新区党工委和管委会以取代滨海新区领导小组和办公室。而重庆两江新区也采用管委会模式,只是在之上的市级层面还设有"两江新区开发建设领导小组",由重庆市主要领导组成,以加强在宏观层面对新区建设的规划和协调。

但是以上三大新区在初期的具体运作模式上各有特点:

(1)上海浦东新区在开发区管理体制上呈现出"政企合一"的特点。1990年5月3日,上海市政府对浦东开发办公室正式挂牌。同年9月,上海市外高桥保税区开发公司、上海市金桥出口加工区开发公司和上海市陆家嘴金融贸易区开发公司在塘桥由饭店挂牌成立。1992年7月28日,张江高科技园区开发公司也正式挂牌。四家开发公司的设立预示着浦东四大开发区实践运作的开始。1993年,中共上海市浦东新区工作委员会、浦东新区管委会正式挂牌成立。由于考虑到浦东开发区域面积大,开发资金短缺,政府实行了成立开发公司以确立开发主体的思路,通过"土地空转、成片开发、滚动开发""以地合资、以地集股、以地抵押"方式推进浦东的区域开发,为此,构建了"多块牌子、一套班子;公司为主、政企结合"的开发区管理体制。按政府的规定,开发公司必须负责区内道路、河道、桥梁等市政设施的建设;公司还要承担区内科教文卫、公安消防、商业等公共服务设施建设和部分社区管理等行政和社会管理职能。相应地,政府也给予开发公司一定的特权,如公司可通过二级市场出让各自小区内的土地;政府视规划的实施和招商的进展情况,及时进行小区周边的道路、绿化等大市政建设;公司遇到包括资金周转在内的各种困难时,政府会出面协调、帮助解决,在特殊情况下,政府部门还会动用财政资金给予帮助。可见,此阶段浦东开发区管理体制呈现出"政企合一"的特点,即通过四大开发公司来推动浦东四大开发区的开发运作。开发公司作为开发主体,在开发之余还要承担市政设施建设和开发区内行政与社会管理职能。当然政府也会给其一定的政策与资金上的支持。

(2)天津滨海新区在开发区管理体制上突出上级政府的集权。天津滨海新区主要涵盖三个功能区和三个行政区,包括塘沽区、汉沽区、大港区三个行政区和天津经济技术开发、天津港保税区、天津港区三个功能区,以及东丽区的无瑕街、津南区的葛沽镇两个部分,规划面积为2270平方千米。虽然通过成立滨海新区党工委和管委会,来协调新区内各行政区和功能区的各项工作及跨行政区和功能区建设的项目。但滨海新区管委会并非领导机构,很难有效发挥指导和协调功能。新区内各个行政区和功能区①在行政上都直接对天津市人民政府负责,滨海新区管委会的行政管理权限也都集中在天津市人民政府。因此,天津滨海新区行政管理体制在不同的历史发展阶段做了几次调整。1994年3月,天津市决定开发滨海新区并设立滨海新区领导小组。1995年6月,天津市成立了滨海新区领导小组专职办公室,开发主体为三个功能区和三个行政区。2000年9月,天津市委市政府决定撤销滨海新区领导小组和办公室,成立滨海新区工委、管委会,管委会设有经济计划发展局、规划建设发展局、投融资促进局和办公室("一办三局"),对新区内各行政区和功能区的经济建设工作及跨行政区和功能区建设的项目进行统一的指导和协调,滨海新区内各区人民政府、各经济功能区管理机构,接受滨海新区管委会对其经济发展工作的指导和协调。尽管作为天津市委、市政府的派出机构,管委会专门负责新区的规划、产业布局和基础设施建设等,增加了统筹的力度,但是没有改变功能区和行政区各自开发的格局。因为从总体上来看,滨海新区内各行政区和功能区是平级的,新区内各个行政区和功能区在行政管理方面都直接对天津市人民政府负责,各区(包括行政和功能区)连同滨海新区管委会的行政管理权限都集中在天津市人民政府。并且塘沽区、汉沽区、大港区三个传统行政区的区政府拥有完备的组织——党委、政府、人大、政协和法院,行使着一个行政区应该履行的职责和功能。可见,这一时期的滨海新区管委会只具有指导和协调的功能并非领导机构,滨海新区的行政管理权限都集中在天津市人民政府,滨海新区在开发区管理体制上明显地突出了上级政府的集权。

---

　　①　功能区是指以某项经济社会功能为主建立的区域单元,一般具有较强的集聚扩散效应、社会经济效应等特点。功能区一般分为非经济功能区和经济功能区。非经济功能区是指行政区、居住区等与产业活动无直接关系的聚集区域。经济功能区一般是指经过国家(省级以上政府或国家有关部门)批准,在特定地域范围内,具有特定功能目标并享受特殊优惠政策的经济区域,一般包括经济特区、经济技术开发区、高新技术产业园区、保税区、出口加工区等多种形式。

（3）重庆两江新区管理体制的特点可以概括为"以原有行政区划和功能区为基础、以代管或直管为形式，以开发公司为纽带"。"以原有行政区划和功能区为基础、以代管或直管为形式"表现为"1＋3""3 托 1"的管理模式。"1 ＋3"是指两江新区管理委员会（党工委）规划统筹北碚区部分地域、渝北区部分地域和江北区部分地域。"3 托 1"则是指两江新区管理委员会（党工委）受市政府委托代管北部新区管委会和两路寸滩保税港区管委会，并直接负责鱼石片区的开发建设，以三个区域的现有基础为支撑，推动整个新区的发展。"以开发公司为纽带"表现为在片区开发与建设上，成立由两江新区管委会控股、各行政区参股的"重庆两江新区开发投资集团有限公司"。具体地讲，两江新区的建设明显延续和继承了浦东新区和滨海新区建设过程中采用的管委会模式。由重庆市主要领导组成"两江新区开发建设领导小组"，在宏观层面对新区建设进行规划和协调；同时，在其下设立"两江新区管理委员会（党工委）"，负责新区范围的规划布局、开发建设与综合协调等工作。在具体行政架构上，两江新区管理委员会则分解为"1＋3""3 托 1"的管理模式。在片区开发与建设上，成立重庆两江新区开发投资集团有限公司，由两江新区管委会直接领导，以公司为主体负责新区开发。开发新片区时，重庆两江新区开发投资集团有限公司与所在地行政区合资成立控股公司进行开发，由所在地的一名区委常委担任公司总经理，与两江新区任命的董事长一道领导公司负责片区的开发。同时，在两江新区管委会之下设园区管委会，由两江新区开发集团总裁和各区区长同时出任各园区管委会主任。总之，两江新区是在尊重原有行政区划和功能区的基础上成立的，在代管或直接管理的功能区基础上，成立开发公司并将两者相结合。通过以开发公司为纽带，实现开发成果共享以调动各方积极性。①

二、全面建设阶段——新区整合为独立的行政区但各开发（功能）区尚未作为独立行政区

由于新区的开发管理涉及直辖市内不同的行政区域，鉴于自身利益考量，当新区发展到一定阶段，不同行政区域之间终将产生大量的矛盾。为了便于统一管理，消除和融合矛盾，这一阶段新区整合为独立的行政区。与此同时，管理体制上的矛

---

① 丁友良.舟山群岛新区行政管理体制创新——基于国家级新区行政管理体制的比较研究[J].中共浙江省委党校学报,2013(5).

盾下移,焦点则是新区下各开发(功能)区和各行政区之间的管理体制问题。

(一)新区整合为独立的行政区旨在消除新区与所涉不同行政区的矛盾

(1)上海浦东新区的整合经历。浦东新区政府成立之前,矛盾的焦点是"一地六府"①模式所引发的上海市、各开发公司和"三区两县"②在开发区工作中协调难的问题。因为在浦东开发的起步和准备阶段,上海市虽然设立浦东开发办公室来协调上海市、各开发公司和"三区两县"开发区工作事宜。但在浦东开发的问题上"三区两县"有着自身的不同利益,浦东开发办协调困难。这迫使上海市下决心调整浦东新区的行政区划,一是撤消了川沙县和上海县的行政建制,二是将黄浦区、南市区和杨浦区中属于浦东规划的区域完全划归浦东新区管辖,并于1993年1月1日正式成立上海市浦东新区党工委和管委会,对浦东新区进行统一管理。在此基础上于2000年8月6日,正式成立浦东新区政府,明确了法律地位,彻底消除了新区与所涉不同行政区各自为政、相互扯皮的现象。

(2)天津滨海新区的整合经历。与上海浦东新区的整合经历略有不同,上海市浦东新区党工委和管委会作为上海市委和市政府的派出机构来管理整合后的新区。而滨海新区管委会是在新区尚未整合之前设立的,作为协调机构,职能很多而权力不足。它与所辖行政区都是同级别,没有实施区域管理所必需的人事任免权、财政调配权和土地管理权等,难以改变在利益驱动下各功能区自行其是、各行政区各自为政的状态。为此,2009年10月21日国务院批复同意天津市调整滨海新区行政区划。滨海新区管理体制改革的主要内容包括:撤销原先的滨海新区工委和管委会这个协调机构;撤销塘沽、汉沽、大港三个区级行政建制,其全境划归新成立的滨海新区行政区管辖。组建两类区委、区政府的派出机构,即城区管理机构和功能区管理机构。城区管理机构为塘沽、汉沽、大港3个工委和管委会,主要行使社会管理职能,保留经济管理职能。功能区管理机构为九个功能区党组和管委会,主要行使经济发展职能。这样从根本上消除了新区与所涉不同行政区的矛盾。

(二)新区整合后体制改革重点是解决新区之下次级行政区与开发(功能)区的矛盾

新区整合为独立的行政区,在新区层面解决了新区与所涉不同行政区、所涉不

---

① "一地"是指上海市政府,"六府"是指浦东开发办公室和三区两县的政府机构。

② "三区两县"指杨浦区、南市区、黄浦区、川沙县和上海县。

同行政区与功能区的不协调问题。但是在新区之下的次级层面,行政区与功能区的协调性远没有解决。所以如何解决新区之下次级行政区与开发(功能)区的矛盾成为管理体制改革的重点。最典型的是上海浦东新区。

2000年浦东新区政府正式成立后,在新区下面次级体制调整上先后走了三步。第一步,成立开发区管委会,实行政企分离。开发公司逐渐实施市场化运作,不再承担行政与社会管理职能。四大开发区的一些管理职能或上收到新区政府,或交由新成立的开发区管委会①承担。这一体制持续到2005年前后。第二步,成立功能区管委会。浦东新区以"国家综合配套改革试点"为契机,将各开发区管委会与邻近街镇组合,陆续设立陆家嘴、张江、外高桥、金桥、川沙、三林六大功能区,并由功能区管委会在受新区委托后负责进行相应的政府管理。目的是通过强化"区镇联动",来加大开发区对周边地区的辐射带动作用。新区委托功能区管委会对邻近街镇履行相应的行政管理职能。第三步,重回开发区管委会体制,着力打造"7+1"②新生产力布局。改革的原因是功能区管委会体制不能实现预设目标,难以协调开发区与街镇之间的关系,反而增加了管理层级,降低了行政效率。所以自2010年南汇区并入浦东新区之后,浦东新区取消了功能区管委会,重回开发区管委会体制,并着力打造"7+1"新生产力布局,提出了"凸显开发功能,凸显开发区作用,凸显重心下移"的管理体制调整思路,并按照"上面轻型化、下面扁平化"的行政管理体制改革要求,进行大范围的新区事权下放。市、区两级赋予各开发区管委会相应的权力和资源,力求做到"区内事区内办",让开发区心无旁骛搞开发。同时基于扁平化管理理念对38个街镇下放财权、事权,由新区政府直接管辖领导,与开发区互不隶属。各开发区管委会主任均由分管副区长兼任,以密切开发区管委会与新区政府的联系,更好地协调管委会下各开发公司的统一运作。③

① 2000年成立了张江开发区管委会,2002年5月31日,上海金桥出口加工区(南区)管委会和浦东海关驻金桥出口加工区办事处也正式挂牌;陆家嘴开发区管委会尽管当时未成立,但也进入了筹备状态。
② "7"为上海综合保税区板块、上海临港产业区板块、陆家嘴金融贸易区板块、张江高科技园区板块、金桥出口加工区板块、临港主城区板块、国际旅游度假区板块,"1"为后世博板块。
③ 丁友良.舟山群岛新区行政管理体制创新——基于国家级新区行政管理体制的比较研究[J].中共浙江省委党校学报,2013(5).

三、成熟运行阶段——新区内各开发（功能）区也将逐渐转变为独立行政区

虽然就行政管理体制而言，目前我国国家级新区均未进入成熟运行时期，但行政区与开发（功能）区的不断转换是新区行政管理体制改革的一大特点和趋势。这种转变最初体现在新区层面的行政区与开发（功能）区的转换，而之后必将涉及新区下属层级的开发（功能）区与行政区的转换。

因为在我国现行政治体制下，开发（功能）区预期功能和发展目标的实现需要以"行政区"为依托；另一方面，开发（功能）区也反作用于"行政区"，影响着行政区划的调整。当区域发展到一定阶段，原有行政区划制约着区域发展的现实需要时，就必须对行政块进行适当的调整，开发（功能）区就成为行政区划改革的一个重要依据。特别是在我国"行政区经济"作用下，这种分割切块式的以行政区划单元为载体的管理模式，在多元利益主体逐渐强化的情况下，必然带来各自为政、难以协调等问题。管理体制的割裂成为新区内部区域发展不平衡的制度根源。从上海浦东新区、天津滨海新区的行政管理体制变迁来看，当初整个浦东新区和滨海新区就是一个经济开发（功能）区，而这个经济开发（功能）区又分属于不同行政区，使得各自为政不可避免。为此上海和天津都采取了同一方法，即整合行政区划，使新区成为一个独立行政区。虽然新区成为一个独立行政区后，新区层面的矛盾暂时得到解决，但新区内也存在次级的行政区与开发（功能）区问题。并且随着各开发（功能）区开发任务的完成，次级经济开发（功能）区的管委会很难胜任愈加繁重的社会管理任务，于是次级经济开发（功能）区的管委会转变为一级政府、次级经济开发（功能）区转变为行政区势所必然。尽管现在还没有被现有国家级新区提到改革议程，但这种趋势是明显的，只是目前各新区内的开发（功能）区尚未开发完毕，开发任务尚未全部完成，新区内次级开发（功能）区管委会体制还有其存在的必要性。等到将来开发任务完成，各新区进入成熟发展时期，新区内各开发（功能）区及管委会也将完成历史使命、退出历史舞台。新区内原开发（功能）区层面的行政机构的功能定位也将从原来的重经济开发向重社会管理与公共服务转变。①

---

① 丁友良.舟山群岛新区行政管理体制创新——基于国家级新区行政管理体制的比较研究[J].中共浙江省委党校学报,2013(5).

第二节 其他国家级新区行政管理体制变迁
发展的经验启示

从上海浦东新区、天津滨海新区的行政管理体制变迁来看,它们既有自身特殊的改革经历又有共性的发展趋势,从中可以为舟山群岛新区创新行政管理体制带来一定的启示。

一、创新行政管理体制,须充分把握新区自身的特殊性

从其他新区来看,没有哪个新区的管理体制是完全相同的,这是因为每个新区的历史传统、地理环境、行政区域构成,以及经济发展水平等方面都存在诸多不同。即每个新区行政管理体制的改革必须要考虑其自身的特殊性。就舟山群岛新区而言,其特殊性主要体现在以下几个方面。

一是舟山群岛新区的范围涵盖舟山整个行政区域,这是与其他国家级新区的最大不同,会导致两方面结果:一方面由于不存在与外围其他行政区域的交叉重叠问题,因此,在行政管理体制改革过程中不需要花大力气调整与其他行政区域的管理体制,而是重在调整新区内的管理体制即可;另一方面,在人员的分流过程中,将面临无法"赴外消化"的可能,只能"就内而处"的困境。

二是舟山群岛新区是依群岛而设的新区,这一区域特征造成辖内经济功能区划分困难,也很难形成大规模、集中性的开发功能园区。此外,宽广的海域加上众多分散的离岛,给新区管理增加难度,难以精简机构与实现有效地扁平化管理。

三是与其他三个新区都是直辖市内设立的新区不同,舟山群岛新区是首个在省辖地级市层面设立的新区。这就赋予舟山群岛新区特殊的历史使命,其在土地、财税、规划等方面的行政管理体制及其实践经验将为省辖型新区提供参照样本,起到示范和导向作用。①

---

① 丁友良.舟山群岛新区行政管理体制创新——基于国家级新区行政管理体制的比较研究[J].中共浙江省委党校学报,2013(5).

二、创新行政管理体制，须深刻认识体制改革的渐进性

无论从理论还是从实践来看，行政体制改革都不可能是"一蹴而就"的，试图从一开始便设计一种"完美无缺"的行政管理体制，从而一步到位地变革完成，这是不切实际的。从上海浦东新区与天津滨海新区行政体制变革实践来看，没有哪个新区的管理体制是一步到位、一成不变的。浦东新区行政管理模式从"开发办——管委会——新区政府"的演变过程历时 10 年①。而滨海新区行政管理模式从"开发领导小组——管委会——新区政府"的演变过程历时 15 年②。也就是说浦东新区与滨海新区分别花了 10 年和 15 年的时间才渐进地完成了在第一阶段新区层面的体制变革，而之后在新区次级层面的管理体制变革一直持续至今。如2005 年后浦东新区为实现"区镇联动"而设立六大功能区管委会，后因这一体制造成了管理层级增加、协调困难，又自 2010 起推出了"7＋1"的新生产力布局，重回开发区管委会体制。天津滨海新区目前功能区管委会和城区管委会的设置，也只是一种过渡性的体制，是在开发区经济社会发展还不够成熟阶段，为应对管理幅度过大难题，切实提高基层管理机构行政效率而采用的权宜之计。所以无论是上海浦东新区还是天津滨海新区，目前运行的行政管理体制还是存在一些问题，还有待在实践中不断探索完善。

新区行政管理体制构建之所以体现渐进性特点，主要有以下几方面原因：

（1）新区的不同发展阶段对政府职能有不同要求。不同的发展阶段有不同的政治经济发展任务，政府管理的形式和职能应跟着形势的发展和时间的推移做出相应的变化和调整。通常在新区建设启动初期，更多地依赖政府在土地、资金及政策上的扶持，从而推动新区的开发建设进程。当新区发展日益成熟时，政府的职能重点转移到保障市场主体有序竞争和社会管理上。而新区政府职能重心的转移必然要求行政管理体制做出相应的调整。

（2）新区的不同发展阶段政府需要在实践中探寻最佳的管理幅度与管理层级。虽然行政体制改革的总体方向是大部门、扁平化，但是在新区的不同发展阶段，如何把握好"度"以发挥最佳行政效能，这需要在新区的管理实践中不断探索。

---

① "10 年"是指从 1990 年国家批准开发到 2000 年新区政府成立。

② "15 年"是指从 1994 年天津成立滨海新区开发领导小组，到 2000 年新区成立管委会，再到 2006 年被中央批准为国家级综合配套改革试验区，最后到 2009 年 11 月组建滨海新区政府。

（3）新区不同发展阶段的开发模式也影响到新区管理体制。在新区开发建设早中期，通常采用"政企合一"的开发模式，上海浦东新区与天津滨海新区都是如此。浦东开发初期确立以政府全资公司为主体启动与主导开发。天津经济技术开发区的"党政企合一"、高层次、高授权、高自由度的体制框架整合了三方优势——在党委的领导下，管委会和总公司职能互为补充，大大提高了办事效率。但当新区的开发建设进入相对成熟阶段，政企分开是必然的，政府的全资开发公司也必须转型，从而促使政府调整行政体制重新分配管理职能。政府应将工作重点转向加强社会管理和提供优质的公共服务，创造公平公正的市场环境，以利于各类市场主体发育与发展。

此外，新区行政体制改革过程中对行政区和功能区的调整与整合也会受到旧有体制机制的困扰，使得行政管理体制改革更加复杂，更需要根据现实发展情况，分阶段逐步推进，在不同发展阶段采取不同体制。总之新区管理体制只有在经历渐进改革、不断调整之后，才会逐渐趋于合理。①

三、创新行政管理体制，须始终关注体制运行的高效性

高效运行的管理体制是推动新区又好又快发展的重要保障。从各大新区的改革实践来看，都非常注重新区管理体制的运行效率，突出地表现为"少机构、大部门、扁平化、高服务"上。

（1）少机构。即机构设置少而精。针对传统体制机构臃肿、人浮于事、效率低下的弊端，各大新区都建立了精简高效的管理机构。浦东新区在1992年设立党工委、管委会后，总共只设立10个部门，在机构数量上比其他区县建设少2/3，人员编制减少1/3。然而，这10个部门却在整体上涵盖了党委和政府主要的工作领域，而且重点突出了开发区的实际。后来，开发区因为发展的需要增加了机构和人员编制，但即使是南汇区并入浦东，新区政府机构也只有19个，仍低于普通区县26~28个的规模。滨海新区区域面积2270平方千米，行政区域面积大且区域构成情况复杂，但滨海新区政府的内设机构也只有19个。

（2）大部门。即推行大部门体制，将职能相近、交叉的部门加以优化组合。这

---

① 丁友良.舟山群岛新区行政管理体制创新——基于国家级新区行政管理体制的比较研究[J].中共浙江省委党校学报,2013(5).

样既避免了部门间权责不清、相互扯皮的现象,同时有利于精简行政审批流程,节约行政成本。浦东新区自 1992 年设立管委会时就尝试实行大部门管理体制。如社会发展局,就囊括了新区科技、教育、卫生、文化、体育、民政等领域的管理服务工作;办公室的职能则涵盖了外事、宣传、档案、对外接待、统战等职能范围。其他的部门如组织部、纪检委、综合土地规划局、经济贸易局等也都大系统管理。这样既避免了部门间权责不清、相互扯皮的现象,同时有利于精简行政审批流程,节约行政成本。

（3）扁平化。即减少层级,向下放权。扁平化管理是新区行政体制的共同特点。如浦东新区尽管内部体制多变,但在纵向权力结构上基本维持“新区—乡镇（街道办事处）”的二级权力结构模式,开发区与街镇平级互不隶属,都直接接受新区政府管辖领导。此外与浦东新区对下面街镇放权类似,滨海新区也向下放权,让城区管委会和功能区管委会享有“扩大的区级权限”。通过放权来实现扁平化管理,提高行政效能。

（4）高服务。即提供高档次、高水准的优质公共服务,使新区成为服务型政府的典范。如浦东新区建立了覆盖全区的区级市民中心、功能区事务办理服务中心和街道社区事务受理服务中心,形成“1（市民中心）+6（功能区）+23（街道）”三个层次的便民高效的公共服务平台,将办事项目进入市民中心窗口,各委办局多条专线接入中心平台,改变了传统政府服务的模式。同时,浦东新区还出台了《浦东新区行政效能投诉暂行办法》《浦东新区行政首长问责暂行办法》《浦东新区行政效能评估暂行办法》和《浦东新区行政审批电子监察暂行办法》,探索建立体制内的监察制、体制外的投诉制、社会化的评估制、自上而下的问责制。还以行政审批改革为切入点,大幅精简审批事项、优化审批流程、提高审批效率。同时充分发挥社会潜力,利用社会组织承担了大量原本属于政府的职能。如新区的经济法律咨询服务中心、税务咨询事务所、环保科技咨询事务所、报关中心、劳务中心、人才交流中心等社会组织提供咨询媒介服务,起到了很好的作用。[①]

四、创新行政管理体制,须重点抓好行政区与功能区的协调性

功能区的概念较广,但对于国家级新区来说,功能区一般是指由新区上级政

---

① 丁友良.舟山群岛新区行政管理体制创新——基于国家级新区行政管理体制的比较研究[J].中共浙江省委党校学报,2013(5).

府,以及新区管委会或新区政府批准设立的,在新区区域范围内的特殊区域内,具有特定发展功能的区域,一般主要是经济功能区。功能区往往承载着国家级新区战略使命的具体落实任务,是新区开发开放、先行先试的主战场,在国家级新区建设发展中具有重要的作用,尤其是在新区初始发展阶段,更是具有不可替代的重要作用。而行政区是国家级新区中是固有的单元,不管管理方式如何转变,行政区始终是其基本元素。因此,处理好功能与行政区的关系,从一开始便成为各个国家级新区行政体制改革要面临的问题。同时,从其他国家级新区来看,在推进新区行政体制改革进程中,如何处理功能区和行政区的关系,都是个无法回避的难题,也是目前其他国家级新区体制变革所经历的两大阶段中所要解决的核心问题,而且是到目前为止仍没有完全解决好的一大难题。可见,行政区与功能区的协调性是浙江舟山群岛新区行政体制改革设计所必须重点考虑的方面。

(1)从上海浦东新区来看。从设立新区至今,上海浦东新区一直试图协调好新区与新区辖内两个层面行政区与功能区的关系。新区设立之初,为消除"三区两县"在浦东开发的问题上的利益分歧,新区整合成独立行政区,并正式成立上海市浦东新区党工委、管委会,全面履行浦东新区的开发建设和社会管理职能,避免了各自为政、相互扯皮的现象。但是由于管委会法律地位不明确,在行使权力的时受到一定的制约。为此于 2000 年 8 月 6 日,浦东新区正式成立浦东新区政府。浦东新区政府正式成立,虽在新区层面解决了行政区与功能区的不协调问题,但是在新区之下的次级层面的行政区与功能区的协调性并没有解决。因此浦东新区政府成立之后,协调重点转向新区之下的次级层面行政区与功能区的关系。为此于 2004 年 9 月开始陆续设立六大功能区,通过"区镇联动",发挥功能区的辐射作用,推动地区平衡发展。但事与愿违,效果不明显。反倒是功能区增加管理层级,降低了工作效率。于是又做出"7 + 1"管理体制的调整,以加快开发区的开发进程。但在"新区——管委会"的权责配置中存在的"下而不放"的情况,加上这八大板块自身存在的发展水平、发展条件和管委会性质的差异等问题,"7 + 1"在实际运作中也存在这样或那样的难题。典型的如开发区与周边街镇发展的协调问题。基于扁平化管理理念对 38 个街镇下放财权事权、开发区和街镇互不隶属,这都隐含着 38(即 38 个街镇)与 8(即"7 + 1")之间的重复建设和恶性竞争的可能。所以如何理顺 38 与"7 + 1"之间竞合关系,有效实现以 1(即新区政府)对 38 + 8 的管理成效,这是摆在浦东新区面前的一大课题。

（2）从天津滨海新区来看。在2009年天津滨海新区整合为一级政府之前，滨海新区区域内存在着滨海新区管理委员会、新区内各行政区政府、国家级功能区管委会等相互独立的管理主体。各行政区政府、经济功能区管委会在其管辖范围内都能有效行使各自的行政管理权，而作为天津市政府派出机构的滨海新区管理委员会由于行政级别不够，缺乏足够授权，难以发挥"协调"功能。从而导致新区内行政区和功能区基于自身利益在发展中各自为政、盲目竞争和无序开发。为此2009年之后天津滨海新区整合为一级政府，管理体制变革的核心是组建两类区委、区政府的派出机构。一类是城区管理机构，主要行使社会管理职能，保留经济管理职能；一类是功能区管理机构，主要行使经济发展职能。这样做隐含着两大问题：一是城区管委会也保留有经济管理的职能，在具体的运作中仍存在着与功能区管理机构的经济发展职能产生一定冲突的可能。二是两类管理职能机构并行运转、互相配合，仍然存在一定程度的协调问题。并且从长远来看，功能区与行政区的融合是趋势，两类管理职能机构并行运作只是作为过渡的权宜之策，但却可能会为新区未来的后续改革增加难度。

综上所述，行政区与功能区的协调性是新区管理体制建设的重点。要在体制设计上能确保在共同发展的前提下各有侧重，即行政区重在加强社会管理、提供优质公共服务，功能区要加强开发建设，促进区域融合发展。①

---

① 丁友良.舟山群岛新区行政管理体制创新——基于国家级新区行政管理体制的比较研究[J].中共浙江省委党校学报,2013(5).

第三章　浙江舟山群岛新区行政
体制改革的现实基础

舟山是我国第一个以群岛设立的地级市,素有"海天佛国、渔都港城"之美誉,下辖四个海岛县(区),常住人口114万。全市共有大小岛屿1390个,其中住人岛屿103个。区域总面积2.22万平方千米,其中海域面积2.08万平方千米,占全省49.1%、全国5.6%,加上专属经济区部分,海域面积达11万平方千米,占全省42.3%、全国3.7%;陆域面积1440平方千米,舟山本岛陆域面积502平方千米,是我国第四大岛。浙江舟山群岛新区正是在这样的区域基础上启动新区设立历程、开发建设,并实施行政体制改革的。

第一节　浙江舟山群岛新区设立历程

从浙江"欠发达海岛地区"上升为国家战略,浙江舟山群岛新区诞生经历了概念的萌芽、形成与正式批复设立等过程。纵观浙江舟山群岛新区的设立过程,透露着清晰的国家海洋发展战略意图,凸显了舟山群岛新区承载国家海洋综合开发与海洋经济破题的重要战略使命。

一、"浙江舟山群岛新区"概念萌芽

在近年来国家转变经济发展方式的历程中,海洋经济逐渐显露其重要意义。中央关于"十二五"规划的建议中,专门提出了"发展海洋经济"的"百字方针"[①],

---

① 2010年10月18日,党的十七届五中全会通过《中共中央关于制定国民经济和社会发展第十二个五年规划的建议》,用百字谋划中国海洋经济:"发展海洋经济。坚持陆海统筹,制定和实施海洋发展战略,提高海洋开发、控制、综合管理能力。科学规划海洋经济发展,发展海洋油气、运输、渔业等产业,合理开发利用海洋资源,加强渔港建设,保护海岛、海岸带和海洋生态环境。保障海上通道安全,维护我国海洋权益。"

海洋经济首次列入国家中长期规划重点。浙江省委、省政府做出了"八八战略""海上浙江""港航强省""陆海统筹发展"等系列决策部署,把发展海洋经济作为浙江推进科学发展、转变经济发展方式的重要内容。①

2010年,应浙江省委、省政府邀请,中国工程院对浙江发展海洋经济开展了专题战略研究。2010年3月和5月,全国政协原副主席钱正英带领工程院"浙江沿海及海岛综合开发战略研究"项目组两次来浙江、舟山进行专题调研。项目组两次在舟山调研期间,几乎跑遍舟山所有大岛。舟山发展海洋经济的战略地位和综合优势引起了项目组的高度重视。在了解了舟山得天独厚的资源条件和未来规划之后,钱正英提出,舟山能否在建设海洋综合开发试验区的基础上,对国家的海洋经济发展有更大的战略贡献,她说"浙江的发展前景应该要调整空间布局,把开发以舟山群岛为主的海岛、发展海洋经济,作为今后浙江和中国东部地区新的经济增长点。"②

2010年5月24日,国务院批准实施的《长江三角洲地区区域规划》③,明确提出"建设浙江舟山海洋综合开发试验区",并将其作为长三角地区的重大改革试验之一。

2010年7月,国家正式启动海洋经济发展试点工作,浙江省是三个试点省之一,其中以舟山群岛为重点的海岛开发开放列为重中之重。国家发改委在青岛召开的全国海洋经济发展试点工作启动会议上④,舟山市作为唯一的地级市代表参加了会议。

2010年11月,时任国家发改委副主任杜鹰和国家有关部委领导一起,专程到舟山市考察海洋经济发展、海岛开发开放等工作。⑤

在党中央、国务院的高度重视和亲切关怀下,在钱正英等老领导和国家有关部委领导的谋划与支持下,调研考察紧锣密鼓,战略谋划不断深入,舟山海洋经济发展,逐渐纳入了国家视野,⑥"浙江舟山群岛新区"这一战略名词呼之欲出。

①　《东海春潮涌 正是扬帆时——记新区争取获批过程》,载《舟山日报》,2012年4月11日。
②　《东海春潮涌 正是扬帆时——记新区争取获批过程》,载《舟山日报》,2012年4月11日。
③　《长江三角洲地区区域规划》,中华人民共和国中央人民政府网站,2010年6月22日。
④　《山东、浙江、广东三省率先探路海洋经济 全国海洋经济发展试点工作启动》,载《中国海洋报》,2010年7月13日。
⑤　《国家发改委副主任杜鹰来舟山考察》,载《舟山日报》,2010年11月4日。
⑥　《东海春潮涌 正是扬帆时——记新区争取获批过程》,载《舟山日报》,2012年4月11日。

二、"浙江舟山群岛新区"写入国家战略规划

在 2010 年、2011 年的岁末年初之交,根据浙江省委、省政府主要领导的汇报,温家宝、李克强分别批示国家发改委研究设立舟山群岛新区问题。

2011 年 2 月,国务院批复《浙江海洋经济发展示范区规划》,这是浙江省获批的第一个国家战略。该规划将"建设舟山海洋综合开发试验区"单列一章阐述,并提出了"探索设立舟山群岛新区"。至此,"舟山群岛新区"一词正式出现在国家规划文件之中。

2011 年 3 月 6 日,在十一届人大四次会议记者会上,时任国家发改委主任张平就设立舟山群岛新区回答记者提问,他指出,设立舟山群岛新区,是国家基于探索发展海洋经济的考虑。国家将给舟山一些先行先试的权限和政策,鼓励舟山改革创新、创造经验。①

2011 年 3 月 14 日,十一届全国人大四次会议通过的《中华人民共和国国民经济和社会发展第十二个五年规划纲要》中,提出"推进包括浙江舟山群岛新区在内的区域建设"。浙江舟山群岛新区这个崭新的名词,写进了"十二五规划"。舟山的建设与发展,由此正式成为国家战略。

2011 年 4 月 1 日,温家宝同志主持召开会议,专题听取中国工程院《浙江沿海及海岛综合开发战略研究综合报告》项目成果汇报②,并于 4 月 8 日亲赴舟山视察调研。

三、浙江舟山群岛新区正式设立

2011 年 6 月 30 日,国务院正式批复(国函〔2011〕77 号)同意设立浙江舟山群岛新区。批复中指出,舟山群岛新区范围与舟山市行政区域一致,区位条件、海洋资源、海洋产业等综合优势明显,在全国沿海开发开放中具有重要地位。国务院要求,要把设立浙江舟山群岛新区作为实施区域发展战略和海洋发展战略、贯彻落实《中华人民共和国国民经济和社会发展第十二个五年规划纲要》的重要举措,加快转变经济发展方式,积极探索陆海统筹发展新路径,推动海洋经济科学发展,促进

---

① 《"十二五"规划当中"新区"和"经济区"的区别》,中国网,2011 年 3 月 6 日。
② 《温家宝听取浙江沿海综合开发战略研究项目成果汇报》,新华网,2011 年 4 月 1 日。

浙江省经济平稳较快发展。舟山群岛新区作为浙江海洋经济发展的先导区、海洋经合开发试验区和长江三角洲地区经济发展的重要增长极,要加强体制机制创新,扩大对外开放,逐步建成我国大宗商品储运中转加工交易中心、东部地区重要的海上开放门户、海洋海岛综合保护开发示范区、重要的现代海洋产业基地、陆海统筹发展先行区,在推动浙江经济社会发展、推进东部地区发展方式转变、促进全国区域协调发展中发挥更大作用。①

至此,浙江舟山群岛新区成为继上海浦东新区、天津滨海新区和重庆两江新区后,党中央、国务院决定设立的又一个国家级新区,也是国务院批准的我国首个以海洋经济为主题的国家战略层面新区。

四、《浙江舟山群岛新区发展规划》正式批复

2011 年 6 月 30 日国务院以国函〔2011〕77 号文件批复设立浙江舟山群岛新区以后,浙江省委、省政府高度重视新区规划编制工作,多次召开专题会议听取或研究新区规划编制工作,指出要顶层设计、统筹谋划,将新区发展规划作为指导新区建设的纲领性文件。此后,浙江省政府委托中国国际经济交流中心等单位编制了《浙江舟山群岛新区发展规划》,并于 2012 年 4 月 11 日正式将规划上报国务院审批。2013 年 1 月 17 日,国务院以国函〔2013〕15 号文件,正式批复《浙江舟山群岛新区发展规划》。

《浙江舟山群岛新区发展规划》规范范围为舟山市行政管辖区域,包括 1390 个岛屿及其领近海域,陆域面积 1440 平方千米,海域面积 2.08 万平方千米。规划期限为 2012—2020 年,重大问题展望到 2030 年。规划是指导舟山群岛新区改革发展建设的纲领性文件,是编制相关专项规划的重要依据。

《浙江舟山群岛新区发展规划》提出,浙江舟山群岛新区发展的战略意义在于:有利于打造国民经济发展的新增长极,努力将舟山群岛新区建设成为拉动长江三角洲地区乃至全国沿海地区经济发展的新引擎,为推进我国改革开放进程探索新路径,为优化东部沿海地区总体开发格局和促进国民经济又好又快发展注入新活力。有利于构筑我国扩大对外开放的新平台,充分利用优越的地理区位和港航条件,加快建设国际物流枢纽,积极优化政策环境,不断创新体制机制,探索建立自

---

① 《国务院关于同意设立浙江舟山群岛新区的批复》(国函〔2011〕77 号)。

由贸易园区,全力打造更富效率的交流平台和开放高地。有利于迅速提高舟山群岛新区的国际合作能力和辐射带动能力,进一步增强与世界经济的密切联系,积极拓展我国对外开放的广度和深度。有利于为全国海洋经济科学发展提供示范,按照陆海统筹、人海和谐、创新驱动、集约高效的理念,在海洋资源综合利用、生态环境综合保护、海洋海岛综合开发、涉海事务综合管理等方面深入实践,更加突出科技创新,不断优化经济结构,着力推进绿色发展、循环发展、低碳发展,积极探索舟山群岛新区人口资源环境相均衡、经济社会生态效益相统一的发展路径,为我国海洋经济科学发展积累经验、提供示范。有利于提高国家战略资源安全的保障能力,进一步提高港航物流服务能力,着力打造全国重要的铁矿砂中转贸易、煤炭中转加工配送、油品中转贸易储存、粮食中转加工配送、化工品中转储运加工、集装箱中转运输等一批基地,将舟山群岛新区逐步建成我国大宗商品储运中转加工交易中心,大幅提高我国战略物资储备保障能力,为国民经济持续平稳健康发展提供重要支撑。

规划提出了"三大战略定位"和"五大发展目标"。浙江舟山群岛新区的战略定位是:浙江海洋经济发展的先导区、长江三角洲地区经济发展的重要增长极、海洋综合开发试验区。浙江舟山群岛新区的发展目标是:大宗商品储运中转加工交易中心,打造国际物流枢纽岛;东部地区重要的海上开放门户,打造对外开放门户岛;重要的现代海洋产业基地,打造海洋产业集聚岛;海洋海岛综合保护开发示范区,打造国际生态休闲岛;陆海统筹发展先行区,建设海上花园城。

规划提出了"三步走"战略规划:建设舟山港综合保税区,条件成熟时探索建立自由贸易园区和自由港区。

规划对于新区行政管理体制创新的要求为:赋予舟山群岛新区省级经济社会管理权限,设立浙江舟山群岛新区管委会,探索建立与舟山群岛新区建设发展相适应,与行政区划相协调的机构精简、职能综合、结构合理、运行高效的行政管理体制。①

总之,基于舟山独特的区位条件和海洋海岛资源优势,在国家深入推进海洋综合开发的新形势下,舟山群岛开发开放上升为国家战略。从2011年6月30日国务院正式批复设立"浙江舟山群岛新区"开始,2012年9月,国务院批复设立舟山

---

① 以上内容引自《浙江舟山群岛新区发展规划》。

港综合保税区。2013 年 1 月 17 日,国务院批复《浙江舟山群岛新区发展规划》。2013 年 12 月 2 日,国务院批复建立浙江舟山群岛新区部省际联席会议制度,以及时协调解决浙江舟山群岛新区发展的重大问题。在短短两年多时间里,国家最高层面为一个地区连续批复或出台相关政策,这在中国是绝无仅有的,充分说明了浙江舟山群岛新区的重要战略地位。①

第二节　浙江舟山群岛新区的主要特征

与其他国家级新区相比,浙江舟山群岛新区具有"全域型""群岛型""省辖型""后发型"等主要特征。

一、全国唯一依托地级市建立的"全域型"新区

根据国务院批复文件,舟山群岛新区的范围涵盖舟山市整个行政区域,是全国唯一依托地级市建立的"全域型"新区。与其国家级新区相比,除青岛西海岸新区范围为青岛市黄岛区全域之外(但仅依托市辖区建立),其他国家级新区,无论是上海浦东新区、天津滨海新区、重庆两江新区等直辖市所属国家级新区,还是其他省属、省会城市、副省级城市所属国家级新区,在其设立之初,新区范围的划定并未完全按照行政区划来,新区的开发管理涉及不同的市、区级政府(见表3－1)。

表3－1　国家级新区所辖区域对比

国家级新区名称	设立时间	战略定位与发展目标
上海浦东新区	1992 年 10 月 11 日	浦东新区行政区域包括原川沙县,上海县的三林乡,以及中心城区杨浦、黄浦、南市的浦东部分。2009 年 5 月,原南汇区并入浦东新区
天津滨海新区	2006 年 05 月 26 日	滨海新区由天津港、开发区、保税区三个功能区及塘沽、汉沽、大港三个行政区组成

① 《舟山群岛新区战略目标》,国家海洋局网站,2014 年 11 月 2 日。

续表

国家级新区名称	设立时间	战略定位与发展目标
重庆两江新区	2010 年 05 月 05 日	两江新区涵盖江北区、北碚区、渝北区三个行政区的部分区域
浙江舟山群岛新区	2011 年 06 月 30 日	舟山群岛新区范围与舟山市行政区域范围一致
甘肃兰州新区	2012 年 08 月 20 日	兰州新区辖辖永登、皋兰两县中川镇、秦川镇、上川镇、树屏镇、西岔镇和水阜乡6 个乡镇(街道办)
广州南沙新区	2012 年 09 月 06 日	南沙新区区域范围为广州市沙湾水道以南区域、原属番禺区的大岗、榄核和东涌三镇
陕西西咸新区	2014 年 01 月 06 日	西咸新区区域范围涉及西安、咸阳两市所辖 7 县(区)23 个乡镇和街道办事处
贵州贵安新区	2014 年 01 月 06 日	贵安新区区域范围涉及贵阳、安顺两市所辖 4 县(市、区)20 个乡镇
青岛西海岸新区	2014 年 06 月 03 日	西海岸新区范围包括青岛市黄岛区全部行政区域
大连金普新区	2014 年 06 月 23 日	金普新区范围包括大连市金州区全部行政区域和普兰店市部分地区
四川天府新区	2014 年 10 月 02 日	天府新区范围涉及成都高新区南区、双流县、龙泉驿区、新津县,资阳市的简阳市、眉山市的彭山县、仁寿县
湖南湘江新区	2015 年 04 月 25 日	湘江新区区域范围涉及岳麓区、望城区和宁乡县部分区域
南京江北新区	2015 年 06 月 27 日	江北新区区域范围包括南京市浦口区、六合区和栖霞区八卦洲街道
福建福州新区	2015 年 08 月 30 日	福州新区初期规范范围包括马尾区、仓山区、长乐市、福清市部分区域
云南滇中新区	2015 年 09 月 07 日	滇中新区初期规范范围包括安宁市、嵩明县和官渡区部分区域

　　对于一个依托地级市建立的"全域型"新区来说,在行政管理体制创新方面,首先面临的是对原有行政体制的"全盘"接收,经济发展和社会发展功能职责必须兼顾,没有较大的"缓冲"余地。相比于其他国家级新区而言,"全域型"新区还存在一个特点,即其他国家级新区均是在直辖市、省会城市、副省级城市(计划单列

市)的某个特定区域发展新区,因此,对于这些国家级新区而言,其"城市新区"的内涵更足,也就是说这些新区可以在以整个城市为基础的区域内,对新区给予资源、人员统筹安排。而对于舟山群岛新区而言,则是在现有全部行政区内建设新区,其"城市新区"的内涵较为欠缺,更侧重于整个城市的更新、升级,因此,其可以利用的一系列资源相比而言则匮乏许多。同时,在行政体制改革中,面临着庞大的干部队伍的安置,只能"就内解决",无法对外"疏解",存在着人员调配的现实困难,而且进一步导致新区干部调整和急需的技术和管理人才引进都面临着很大的压力。

二、全国唯一的"群岛型"新区

舟山群岛新区是全国唯一一个依群岛而设的新区,辖内涵盖 1390 个岛屿,面积超过 500 平方米的海岛数量占全国的 20%,海域范围达 2.08 万平方千米,且岛屿分散,陆地面积狭小,共享性差。"群岛型"新区这一区域特征的优势在于:

一是海洋资源极为丰富。突出表现在:第一,深水岸线十分优良。拥有适宜开发建港的深水岸段 54 处,深水岸线总长 280 千米,占全国 18.4%;尚有 160 余千米未开发利用,其中水深 15 米以上岸线 198.3 千米,理论上可建码头泊位年吞吐量超过 10 亿吨,是我国建设大型现代化深水港的理想港址。第二,渔业资源丰富。舟山群岛新区海洋生物资源丰富,是我国最大的近海渔场和重要的海洋生物基因库,素有"东海鱼仓"和"中国渔都"之美誉,沈家门渔港为世界三大著名渔港之一。舟山海域内盛产鱼、虾、贝、藻类等海水产品 500 多种,舟山海水产品年产量在 130 万吨左右,占全国的 1/10。第三,海洋能源丰富。舟山风能、潮汐能、潮流能以及海底油气、海底矿产等资源非常丰富,具有广阔的开发利用前景。经专业机构调查,舟山市近中期可开发风电装机容量为 570 万千瓦左右。可开发的潮流能规模相当于 8 个秦山核电站。此外,舟山拥有不可多得的淤涨型滩涂资源,共有 5 米等深线以上可围垦滩涂面积 595 平方千米,2020 年前可围垦造地 200 平方千米。

二是海洋产业独具特色。舟山群岛新区海洋产业体系较为完善,海洋渔业发达,水产品加工技术先进;海洋工程装备制造业扎实起步,是全国重要的修造船基地;港航物流发展迅速,辐射带动能力不断增强;海洋药物和生物制品、海水利用、海洋新能源等新兴产业蓬勃兴起,发展潜力巨大。舟山已形成了以港口物流、临港工业、海洋旅游、现代渔业为支柱的现代海洋产业体系。目前,舟山已建成亚洲最大的铁矿砂中转基地、全国最大的商用石油中转基地、全国重要的化工品和粮油中转基地、国家石油战略储备基地、华东地区最大的煤炭中转基地,有力服务了长三角和沿海沿江地区经济发展,提高了国家战略资源安全的保障能力。2014年,以石油、铁矿石、煤炭和粮油等大宗物资为主的港口货物吞吐量达到3.47亿吨。

三是海洋海岛区位优越。舟山扼中国东南沿海航路要冲,历来是古代中国对外交往的主要港口,浙东和长江流域的出海门户,在历史上曾一度兴起成为海外贸易的重要商埠。从环太平洋地区来看,舟山在历史上长期是中国通向日本、韩国、东南亚,以及世界各国的重要通道,为"海上丝绸之路"的中转站。如今,舟山群岛新区地处我国南北航运大通道和长江黄金水道入海口的"T"字形交汇区域,与东北亚和西太平洋一线主力港口香港、高雄、釜山等构成近乎等距离的扇形海运网络,且处于扇轴点。这样的地理区位恰恰是国内物流和国际物流的交汇地,具有明显的区位优势,十分有利于转口贸易、对外贸易的发展。目前,途经中国的7条主要国际海运航线有6条经过舟山海域就是明证。放眼21世纪,西北太平洋地区将影响甚至主导全球发展方向,在"西北太"海域内的俄罗斯远东地区、中国、朝鲜、韩国、日本等国家,以及中国钓鱼岛、中国台湾地区共同形成一个接近规则的五边形,是东北亚通往太平洋从而走向世界的咽喉要道,而舟山群岛新区恰好处于五边形的核心位置,是西太平洋的"核心区"。此外,随着舟山往上海的北向快速通道打通和南向朱家尖—桃花—六横桥隧工程的建设,以及对接宁波梅山的六横跨海大桥贯通,舟山即将成为东部沿海跨海大桥高速带的枢纽,其地理区位优势更加凸显。

四是海洋海岛生态优良。舟山群岛新区海洋海岛风光秀丽、气候宜人、环境优美,佛教文化、海洋文化底蕴深厚,拥有独特、丰富的旅游资源,是我国海洋旅游重点区域和国家旅游综合改革试点城市,拥有普陀山、嵊泗列岛两大国家级风景名胜区,桃花岛、岱山两个省级风景区,具有举世无双的观音文化优势,观音道场普陀山是我国四大佛教名山之一。具有举世少有的海岛生态优势,是我国空气环境质量最好的城市之一,在环保部检测的74个城市中,舟山空气质量稳居全国前三。①

但是,"群岛型"这一区域特征也具有一些劣势,尤其是在公共资源共享、公共

---

① 综合参考《浙江舟山群岛新区发展规划》《浙江舟山群岛新区开发建设情况交流材料》《浙江舟山群岛新区有关情况介绍材料》《浙江舟山群岛新区:21世纪"海上丝绸之路"的排头兵》等。

服务覆盖、土地资源利用、基础设施建设等方面,都面临更多的困难。从行政管理来看,"群岛型"的区域特征给经济功能区的规划布局及其管理体制创新带来困难,限制了乡镇(街道)行政区划调整空间。同时,也给陆海统筹发展带来了更多挑战。虽然 2.08 万平方千米海域和 282 千米深水岸线资源优势明显,但在当前我国海洋海岛的综合开发和保护法律保障不足、海上行政执法多头管理、职责交叉、执法效率不高,以及海洋经济要素资源配置市场化程度不高的情况下,创新海洋海岛综合开发保护体制和海洋行政执法体制十分必要,但面临着诸多挑战和限制。

此外,宽广的海域加上众多分散的离岛,给新区管理增加难度,难以精简机构与实现有效地扁平化管理。这带来两大方面的挑战:一是不可能形成像上海浦东、天津滨海、重庆两江等成大片规模的开发导向的经济功能园区;二是众多分散的离岛,会给新区扁平化管理带来挑战,尤其是调整行政区划带来难题。比如,辖内的东极镇、花鸟乡,若论规模,在其他新区早就被撤了,但是作为舟山群岛新区的离岛乡镇,就因各种因素影响很难撤销。

三、全国第一个"省辖型"新区

舟山群岛新区是全国第一个在省辖地级市层面设立的国家级新区。"省辖型"新区最大的特征在于其行政管理体制为完整的三级架构,即"市——县(区)——乡镇(街道)"。这样的特征决定了以下几方面的问题:第一,舟山群岛新区行政体制改革,必须面对原有完善的行政架构的一些体制弊端,比如机构臃肿、结构不合理等问题。具体来说,各县(区)有相对独立的财政和规划体制,市级层面统一规划、统一协调、统筹发展约束力还不够强,缺少以共同发展为纽带、错位互补的辖内跨区域联合协作机制,容易导致产业发展同构、项目招引无序竞争、基础设施建设自成一体、"小而全"等情况。行政机构较为臃肿,部门权力交叉重叠,行政体制在机构设置上过细,部门职权交叉重叠现象比较突出,协调配合难度较大。受"条块结合、双重领导"的影响,县(区)行政部门同时面对上级条条指示和本级政府管理,在实施、执行政策时难以把握。第二,必须面对辖内完整的成建制县(区)层级管理体制问题。若留,则必须妥善处理现有的县(区)、乡镇(街道)与新设经济功能区的关系,以及干部安置问题;若不留,则必须考虑县(区)建制宝贵的行政资源、法治资源和人力资源流失所带来的诸多后果。第三,与其他国家级新区相比而言,作为首个在省辖地级市层面设立的新区,舟山群岛新区还面临着省级经济管理权限如何真正落实到位的问题。

四、全国第一个以海洋经济为主题的"后发型"新区

舟山群岛新区是全国第一个以海洋经济为主题的新区。舟山是全国海洋经济占 GDP 比重最高的城市。2014 年,舟山全市地区生产总值 1021.66 亿元,按可比价计算,比上年增长 10.2%。[①] 2014 年舟山市实现海洋经济总产出 2435 亿元,按可比价计算,增长 15.1%;海洋经济增加值 713 亿元,增长 12.8%,总产出及增加值分别比上年提高 3% 和 2.8%,海洋经济发展提速明显。其中,海洋经济增加值占全市 GDP 的比重为 69.8%,比上年提高 0.7%。海洋经济增加值高于全市 GDP 增速 2.6%,对 GDP 增长的贡献率为 87.9%。[②]

虽然海洋经济所占比例在各国家级新区中名列第一,但从主要经济数据来看,相比于国家战略使命的要求,舟山是一个典型的"后发型"新区,"小马拉大车"的压力十分明显。

与上海浦东、天津滨海、重庆两江相比,舟山群岛新区的"后发型"特点十分明显。从主要经济指标来看,2013 年,上海浦东、天津滨海、重庆两江地区生产总值分别为 6448.7、8020.4、1650.0 亿元,而浙江舟山群岛新区仅为 930.9 亿元,未超过 1000 亿元(见表 3-2)。从新区成立以来的经济年均增速看,天津滨海新区增长速度最快,在 2010 年正式成立行政区后的 3 年时间内,GDP 年均增长 21.6%。重庆两江新区次之,增长 20.5%。上海浦东新区作为成立最早的国家级新区,经过 20 多年的发展,保持了年均 16.3% 的高经济增长速度。而舟山群岛新区设立后年平均经济增长速度相对靠后,仅为 9.3%。[③] 与前三个国家级新区相比而言,舟山群岛新区存在经济总量小、增速不高、基础不厚等问题。

---

① 《舟山市 2014 年国民经济和社会发展统计公报》,http://www.zhoushan.gov.cn/xxgk/auto310/auto312/201503/t20150310_737110.shtml

② 《舟山海洋经济增加值占全市 GDP 比重近七成》,中国海洋网,2015 年 2 月 3 日。

③ 舟山市发改委:《国家级新区比较研究》,中国舟山政府门户网站,http://www.zhoushan.gov.cn/web/zhzf/zwgk/ghjh/ghdt/201506/t20150608_752787.shtml

表3-2　四个国家级新区主要经济指标对比

国家级新区名称	地区生产总值		固定资产投资		公共财政预算收入	
	2013年绝对值（亿元）	新区成立以来年均增速（%）	2013年绝对值（亿元）	新区成立以来年均增速（%）	2013年绝对值（亿元）	新区成立以来年均增速（%）
上海浦东新区	6448.7	16.3	1679.2	12.3	610.0	26.5
天津滨海新区	8020.4	21.6（以2010年为基期）	5036.7	24.6（以2010年为基期）	563.3	9.0
重庆两江新区	1650.0	20.5	1367.5	26.7	223.9	39.9
浙江舟山群岛新区	930.9	9.3	750.0	25.5	92.6	10.1

注：数据来源于舟山市发改委研究报告《国家级新区比较研究》，截止时间为2013年①。

　　同时，在国家级新区内的国家级经济技术开发区、海关特殊监管区域方面，舟山群岛新区与前三个新区相比也存在明显差距（见表3-3）。舟山群岛新区辖内只有一个综合保税区（舟山港综合保税区），且是2012年才刚设立，舟山港综合保税区本岛片区于2014年1月才得以封关运行，衢山片区预计2016年才能封关运行，存在起步晚、基础弱、周边同质竞争激烈等困难，作为舟山群岛新区建设初期的"一号工程"，其带动作用还有待进一步发挥。

表3-3　四个国家级新区内的特殊经济发展区域对比

国家级新区名称	国家级经济技术开发区	海关特殊监管区域	综合配套改革试验区
上海浦东新区	上海金桥出口加工区	中国（上海）自由贸易试验区；外高桥保税区（含外高桥保税物流园区）（1990）；洋山保税港区（2005）；浦东机场综合保税区（2009）	上海浦东新区综合配套改革试点
天津滨海新区	天津经济技术开发区；西青经济技术开发区	东疆保税港区（2006）；滨海新区综合保税区（2008）	天津滨海新区综合配套改革试验区

续表

国家级新区名称	国家级经济技术开发区	海关特殊监管区域	综合配套改革试验区
重庆两江新区		两路寸滩保税港区（2008）	重庆市全国统筹城乡综合配套改革试验区
浙江舟山群岛新区		舟山港综合保税区（2012）	

可见,作为我国第一个以海洋经济为主题的"后发型"国家级新区,舟山群岛新区迫切需要破除要素资源制约、打破区域行政壁垒,通过创新行政体制来进行破题。一方面可以在对以前几个国家级新区在行政管理体制上的变革进行深入研究的基础上,借鉴其成功经验,少走弯路,充分发挥后发优势。另一方面,舟山群岛新区是首个以海洋经济为主题的国家级新区,没有现成的管理模式,行政管理体制创新的阻力和风险更大,但也正因此有了更广阔的发展空间。

第三节　舟山原有行政体制概述[①]

一、原有行政体制概况

舟山在 1987 年设市后,成为一个设区市建制的地级市,有着完整的"市—县(区)—乡镇(街道)"三级管理架构,下辖定海、普陀两区,管理岱山、嵊泗两县。其中,定海区下辖 6 个街道、10 个乡镇、272 个行政村和 80 个渔农村新型社区;普陀区下辖 5 个街道、8 个乡镇、199 个行政村、42 个渔农村新型社区;岱山县辖 7 个乡镇、86 个行政村、39 个渔农村新型社区;嵊泗县下辖 7 个乡镇、48 个行政村、17 个渔农村新型社区。

在机构设置上,舟山市委设置了纪委机关、办公室、组织部、宣传部、统战部、政法委、台办、编委办、机关工委、信访局等 10 个工作部门和老干部局、机要局等 2 个部门管理机构;市政府设置了办公室、发改委、经信委、教育局、科技局、公安局、民

---

① 舟山原有行政体制分析截止时间为 2013 年 8 月 20 日。

政局、财政局、人力社保局、住房和城建局、交通局、水利水务围垦局、农林局、商务局、海洋与渔业局、文广新局、卫生局、人口计生委、审计局、旅游局、环保局、国土局、统计局、粮食局、安全生产监管局、外事与侨务办、法制办、人防办、食药局、口岸海防管理和打私办、国资委等32个工作部门和物价局、规划局等2个部门管理机构。监察局与市纪律检查委员会机关合署办公、民族宗教事务局与统战部合署办公,列入政府工作部门序列,不计入政府机构个数。城市管理行政执法局与住房和城乡建设局合署办公;人民防空办公室挂民防局牌子。

区、县党委、政府工作部门设置情况:定海区委9个、普陀区委10个、岱山县委7个、嵊泗县委6个,4个县(区)政府工作部门设置均为23个。此外,舟山市还设有经济开发区管委会、普陀山风景名胜区管委会,为市政府派出机构,主要负责开发区的整体规划和建设,以及普陀山的风景旅游资源的保护、开发和管理。

二、行政区划历史沿革

舟山群岛开发历史悠久。据史书记载和出土文物考证,属河姆渡第二文化层年代,距今5000多年前的新石器时代,就有人类在岛上开荒辟野,捕捉海物,生息繁衍,开始从事渔盐生产。春秋时,舟山属越,称"甬东"(甬江之东),又喻称"海中洲"。唐开元二十六年(738)置县,以境内有翁山而命名为"翁山县"。至大历六年(771),因袁晁率起义军占翁山而被撤废县治。北宋熙宁六年(1073)再次设县,更名"昌国县"。元初升县为州。明洪武二年(1369),改州为县;洪武二十年废昌国县。至清初,先后两度迁民。清康熙二十六年(1687)再次设县,更名"定海县",道光时升为"定海直隶厅"。辛亥革命后,恢复定海县建制。民国三十八年(1949)分设定海、翁州两县。

舟山自1950年以来,行政区属变化历经了定海县、舟山专区、舟山市三个发展阶段。

第一阶段,成立宁波的定海县。1950年5月17日舟山群岛解放,成立定海县人民政府,属宁波专区管辖。

第二阶段,成立舟山专区。1953年3月经政务院批准,定海县辖区分为定海、普陀、岱山3县,从江苏省划入嵊泗县,成立舟山专区。1954年又将原属宁波专区的象山县划入舟山。1958年象山县划归台州专区。1959年撤定海、普陀、岱山、嵊泗县,合并成立舟山县。1960年11月,嵊泗人民公社划归上海市。1962年5月撤

— 47 —

销舟山县,重新设立舟山专区,下辖定海、普陀、岱山、大衢、嵊泗5县。1964年撤销大衢县,其辖区分别划归岱山、嵊泗2县。1967年3月起舟山专区改称舟山地区。

第三阶段,成立舟山市。1987年1月,经国务院批准,撤销舟山地区和定海、普陀2县,成立舟山市,辖2区(定海区、普陀区)2县(岱山县、嵊泗县),实行以市领导区、县的行政管理体制。

三、历次行政机构调整

改革开放以来,舟山市根据党中央、国务院和省委、省政府的部署,开展了五次较大规模的党政机构改革。通过改革,在转变政府职能、优化组织机构、理顺职责关系、明确和强化责任、完善管理体制等方面迈出了新的步伐,初步形成了与经济社会发展相适应的行政管理体制。

第一次机构调整是市区(定海区)合署。1987年,舟山撤地建市,1994年,市委、市政府为了解决市与定海区在城市管理体制上存在的矛盾,实现统一规划,加快城市建设,对市与定海区的党政管理体制进行了调整,与定海区党政机关48个部门和团体实行合署办公。

第二次机构调整是1995年,为了适应建设社会主义市场经济的需要而进行的,重点是将专业经济部门改建为经济实体,同时对市委、市政府工作机构进行了调整,实行了纪委机关和监察部门合署办公,对市区合一的行政管理职能进行了合理划分。调整后,市级党政机构设置44个,比原来55个减少11个,精减20%,人员编制比原来精简24.96%。

第三次机构调整是2001年,为了消除政企不分的组织基础。1995年机构改革虽然将专业经济部门转为经济实体,但实际上,这些部门只是退出行政机构序列,职能没有根本上转变,许多职能仍委托这些部门承担。这次机构改革,除盐业公司受政府委托继续承担盐业行业管理职能外,其他4家转体单位的行业管理职能全部移交给市经济贸易委员会承担,政企不分的组织基础在很大程度上得以消除,实现了政企分开。同时也调整了市政府的工作机构,机构总数比原来减少了6.5%,行政编制精简20%、政法专项编制精简10%。大幅度裁减行政审批事项,完善审批程序,简化审批环节,规范审批行为。

第四次机构调整是2005年,抓住当时经济社会发展阶段的突出问题,进一步转变政府职能,逐步形成了行为规范、运转协调、公正透明、廉洁高效的行政管理体制。主要是加强对经营性国有资产的监督管理,加强对经济社会发展的综合协调,加强安全生产监管体制建设和食品药品安全监管体制建设。

第五次机构调整是 2011 年,着重转变政府职能,理顺部门职责关系,明确和强化责任,调整优化组织机构,探索实行职能有机统一的大部制体制。整合完善经济和信息化、内外贸易管理,理顺了食品药品管理体制,加强和改善了民生为重点的社会管理和公共服务部门建设。同时,对水务管理和市场监管体制进行了调整,撤销了市水务局,将水务局承担的行政管理职能划交市水利水务围垦局。撤销了市场管理服务局,组建市场开发集团公司,按现代化企业制度运作。①

第四节　舟山原有行政体制障碍性因素分析②

国务院批复的《浙江舟山群岛新区发展规划》中明确了新区"3 + 5"的目标任务,并提出要"赋予舟山群岛新区省级经济社会管理权限,设立浙江舟山群岛新区管委会,建立与舟山群岛新区建设发展相适应的机构精简、职能综合、结构合理、运作高效的行政管理体制"。新区的"三大目标、五大任务"决定了新区的行政管理模式需要按照陆海统筹发展的要求,积极探索从设区市发展模式向海洋群岛新区发展模式转变,从陆域管理为主向陆海统筹管理转变。站在承担国家战略使命的高度,舟山原有行政体制存在诸多障碍性因素,亟待通过改革予以破除和改善。

一、区域特征维度

舟山是以我国首个以群岛建制的地级市。舟山市域面积 2.22 万平方千米,其中海域面积 2.08 万平方千米,是一个海洋大市。但同时,从陆域面积和人口总数来看,舟山又是一个陆域、人口小市,还是一个人口小市。其人口和地域面积在浙江全省 11 个设区市名列最后,仅相当于大陆地区一个中等县的水平(见表 3 - 4)。

---

① 历次机构调整相关内容参考舟山相关文件、材料和研究报告。
② 舟山原有行政体制分析截止时间为 2013 年 8 月 20 日,此节重点参考了浙江省委省政府领导重点调研课题成果《创新新区行政管理体制的思路对策研究》。

表 3-4 舟山市与浙江省内东阳、苍南、萧山面积人口数据对比①

地名	行政区划	陆域总面积	户籍人口
浙江省舟山市	地级市	1440 平方千米	97.18 万人
浙江省东阳市	县级市	1747 平方千米	82.79 万人
浙江省苍南县	县	1261 平方千米	129.99 万人
浙江省萧山区	副省级城市所辖区	1420 平方千米	123.57 万人

相比于这样的区域特征而言,舟山市行政体制设置没有体现出相应的特点。舟山原有行政机构按设区市标准设置,除杭州、宁波两个副省级城市外,与其他8个设区市基本相同,以专业分工为特征,区域重点不够突出。舟山原有行政体制与省内其他设区市一样,实行市、县(区)、乡镇(街道)三级行政体制,与其他更大的地级市并无二致。由于舟山地域小、人口少,导致层级偏多、机构臃肿的表现更为明显。相比于省内其他地级市,舟山市行政机构设置从横向上看大而全,从纵向上看每个层级之间的机构设置高度一致。原有行政体制中,舟山市委设置了 10 个工作部门和 2 个部门管理机构;市政府设置了 32 个工作部门和 2 个部门管理机构。这对于一个百万级人口的城市来说,无论从数量、种类还是规模上都过于臃肿,影响办事效率,政令难以有效执行,且机构设置过细还容易导致部门职权交叉重叠,协调配合难度加大。从县(区)情况看,岱山、嵊泗作为海岛县,陆域面积小、人口少、经济总量仅相当于定海区的1/3 和1/4,但机构设置与本岛的市辖区基本对应。以嵊泗县为例:全县只有 8.6 万人,大约相当于定海区的1/4,政府机构设置总数却与定海区一样有 23 个部门,造成管理职能重叠,人员力量分散,协调成本过大,影响行政效率,与市场经济的发展要求不相适应。同时,受"条块结合、双重领导"的管理体制影响,市、县(区)行政部门都同时面对上级条条和本级政府"多头管理",不利于政策实施和执行。

二、规划布局维度

根据新区发展规划要求,舟山群岛新区要围绕战略定位和发展目标,科学优化

---

① 各项数据统计截止为 2012 年 12 月 30 日。

空间布局,充分发挥比较优势,着力构建功能定位清晰、开发重点突出、产业布局合理、集聚效应明显、陆海协调联动的"一体一圈五岛群"总体开发格局,其中,"一体"是指优化提升舟山岛开发开放主体区域;"一圈"是指全力打造港航物流核心圈,即岱山岛、衢山岛、大小洋山岛、大小鱼山岛和大长涂岛等是舟山群岛新区深水岸线资源最佳、发展潜力和空间最大的区域,是建设大宗商品储运中转加工交易中心的核心区域;"五岛群"是指积极构筑五大功能岛群,即普陀国际旅游岛群、六横临港产业岛群、金塘港航物流岛、群嵊泗渔业和旅游岛群、重点海洋生态岛群。这就要求新区必须加强统筹协调,坚持"规划一张图""建设一盘棋",激活、集聚和有效配置要素,推进新区大开发大开放大发展。

然而,舟山市原有体制辖下四个县(区)经济社会发展水平不平衡,基础设施和社会服务功能差距较大,以行政区划为基础,分别实施本行政区域内的发展规划和经济建设目标,在发展经济上有一定的竞争关系,容易产生各自为政。特别是在产业布局上,县(区)行政区难以按照比较优势的原则进行合理的产业分工,重复建设、重复发展的现象难以避免,造成产业同构、资源浪费。502平方千米的舟山本岛作为新区开发的主战场,就拥有定海、普陀两个区和新城管委会、经济开发区等多个功能区管委会。虽然市级政府作为县(区)的上一级政府可以进行宏观调控,但缺少以共同发展为纽带、错位互补的辖内跨区域联合协作机制,容易导致辖内行政区域产业发展同构、项目招引无序竞争、基础设施建设自成一体、"小而全"等情况,不利于新区全域范围内的生产要素流动、资源整合开发、区域统筹发展和一体化建设。

三、陆海联动维度

国务院批复的《浙江舟山群岛新区发展规划》明确要求,舟山要按照陆海统筹、人海和谐、创新驱动、集约高效的理念,在海洋资源综合利用、生态环境综合保护、海洋海岛综合开发、涉海事务综合管理等方面深入实践,为全国海洋经济科学发展积累经验、提供示范。可以预见,新区设立后,开发是新区的首要任务,其重点将更多地转移到发展海洋经济,加快海洋开发,向海洋要空间、要资源上来。可以说,加强陆海联动,实现海陆资源互补、产业互动和布局对接,成为加快新区开发建设的必然要求。

但舟山原有行政管理体制、机构设置还存在许多与陆海统筹管理、实现联动发展不相适应的问题。比如,我国现行的海洋管理体制,从中央到地方,都是根据海洋自然资源的属性及其开发产业"分兵把口",以行业部门分工管理为主,基本上是陆地各种资源开发行业管理部门职能向海洋的延伸。在此背景下,舟山的海洋开发管理除海洋渔业部门外,还涉及发改、国土资源、交通运输、环保、旅游以及海关、检验检疫、海事、公安边防等部门。由于各涉海管理部门互不隶属,有的还是中央垂直管理部门,管理目标和对象各不相同,力量过于分散,而且缺乏有效的相互沟通和协调机制,导致多头管理、推诿扯皮等现象时有发生。不利于按照区域一体化开发建设的要求,加强资源整合和陆海统筹,推进协调发展。

四、城乡统筹维度

推进统筹城乡综合配套改革,是舟山群岛新区建设的重要任务,其根本目标在于着力"破除城乡二元结构、形成城乡经济社会发展一体化新格局","推动城乡经济社会发展融合"。然而,舟山原有行政体制存在明显的城乡二元的规划管理体制、城乡二元的公共物品供给体制、城乡二元的户籍管理体制、城乡二元的融资体制、城乡二元的土地管理体制等,不利于城乡融合发展。此外,舟山市将城市社区管理的一些做法引入到渔农村,设立渔农村新型社区,创新基层治理管理体制。这一体制在一定程度上大大提高了渔农民的生活质量和文明程度,改善了渔农村的人居环境和面貌,加快了城乡一体化发展。然而,由于是创新之举,没有借鉴经验,随着时间的推移,也带来一些问题。比如,现有渔农村社区管理体制,弱化或替代了村级组织自治功能,混淆了渔农村社区、村委会和村经济合作社管理建设职能和工作人员的角色定位;"一社区多村"模式的渔农村社区事实上成为乡镇(街道)和村级组织之间的一个行政层级,导致乡镇(街道)机关干部工作方式机关化、社区机构行政化,与群众联系不够密切,影响基层政权巩固;渔农村社区自身经济上缺乏"造血"功能,没有经济来源,主要依靠市、县(区)、乡镇(街道)三级财政供养,缺乏可持续供给公共服务的能力。这些体制性障碍因素某种程度上均涉及行政管理体制的优化和改进问题,不利于新区建设大背景下在更大范围、更深层次实现城乡之间统筹、协调、可持续健康发展,亟待大力推进统筹城乡综合配套改革,切实拉长渔农村"短板",实现城乡统筹发展。

五、资源保障维度

资源保障对于新区发展来说至关重要。然而,相比于国家战略使命的要求,目前支撑舟山群岛新区开发建设的许多资源保障都存在明显差距,"小马拉大车"的压力十分明显。从要素资源保障来说,目前,土地、资金和水资源等制约明显,迫切需要打破区域行政壁垒,通过宽领域、高规格、制度化的跨区域合作机制,甚至是国家层面统筹协调和帮扶机制才能予以解决。从战略资源保障来说,舟山的港口岸线资源优势突出,港域航道畅通、港池宽阔、锚泊避风条件优越,是建设大型现代化深水港的理想港址。《浙江舟山群岛新区发展规划》确立的打造我国大宗商品储运中转加工交易中心、东部地区重要的海上开放门户、重要的现代海洋产业基地等目标实现,都离不开对港口岸线资源的充分利用。但长期以来,舟山港口岸线的使用涉及国土、港航、海洋渔业等多个部门,多部门都有审批的权利而没有联合执法监督的体系,缺乏合理有效的规划引导,以及行政调控手段,导致稀缺的港口岸线资源不能得到合理有序开发和产生较高的利用效率,存在着管理滞后、利用率低,无序、无度、无偿利用的现象,需要打破部门条线职能限制,形成统一规划、统一收储、统一管理、统筹使用的管理体制机制。从人力资源保障来说,新区发展需要引进和培养一批高素质的人才,提升公务员队伍的整体素质。但舟山现有行政编制基数偏小,全市党政群行政编制共有 4290 名,其中市本级 2334 名(含定海区 391 名、普陀区 413 名)、岱山县本级 418 名、嵊泗县本级 383 名,乡镇 1136 名;政法专项编制 3196 名,机关人员超编和年龄老化问题比较突出。这主要是由于现有行政编制是 1994 年核定的,当时中央根据各地的区划面积、经济总量、人口数量等参数测算核定给各省,省里也按此参数测算分配给市县,舟山是海岛城市,海洋、渔业管理是行政管理的重点和难点,而在行政编制测算时中央并没有将海域面积计算在区划面积内;2000 年机构改革,舟山又按全省统一比例核减了 20%。另外,舟山是军事战略要地,也是全国双拥模范城市,历年军转安置任务非常重,其中 75% 的军转干部安排在各级行政机关,而中央规定的军转增编仅占军转干部安置数的 25%,因而占用了大量行政编制,造成干部队伍的结构难以调整,特别是一些急需的技术和管理人才难,以及时引进,不能满足新区建设发展的需要。这就迫切需要充分利用现行县(区)建制宝贵的行政资源和人力资源,有效盘活现有编制,并积极优化配置结构。

六、行政运行维度

2008 年党的十七届二中全会全面部署我国深化行政管理体制改革,提出"建设人民满意的政府"总体目标。党的十八大提出到 2020 年,全面落实依法治国基本方略,基本建成法治政府。为此,作为国家级新区,必须以转变政府职能为核心,创新行政管理方式,增强政府公共服务能力、公信力和执行力,全力建设职能科学、结构优化、运转协调、行为规范、廉洁高效、人民满意的法治政府和服务型政府。这就要求政府在行使权力履行职责过程中坚持法治原则,严格依法行政,政府的各项权力都要在法治轨道上运行;这就要求政府必须在执政为民理念指导下,坚持以人为本,将公共服务职能上升为主要职能或核心职能,以不断满足人民群众日益增长的公共需求。

对照要求,舟山原有行政体制仍然存在着许多不足。从职能转变来看,我市政府部门"重管理、轻服务"的现象仍比较突出,政府部门管了些不该管、管不好、管不了的事,直接干预微观经济活动的现象还不少,行政许可事项仍然很多,许多部门仍然囿于固有的思路,大部分工作精力主要放在通过行政审批手段强化行政控制和管理上面。因此,虽然已进行过几轮的行政审批制度改革,但企业和群众办事难的现象没有得到根本解决。而有些该由政府出面管理的没有管理到位,特别是社会管理和公共服务方面还比较薄弱。这几年中介机构、行业协会、社会自治组织虽然有了不同程度的发展,但基本上是政府主导型的,很难发挥应有的作用。从行政行为来看,部分领导干部法律意识和法治观念不强,法律实施的激励惩罚机制执行不到位;政府行政人员在执法过程中存在着机械套用法律条文、滥用行政裁量权、同案不同罚、选择性执法、粗暴执法等现象,尤其是多层执法、多头执法、重复执法导致的执法合力不足问题比较突出。从运行机制来看,今后新区发展过程中的重大改革、重大项目、重大事件处理决策等将越来越多,决策环境、决策因素都将更加复杂,可以说没有科学决策就没有科学发展。但是,目前我市科学、民主、规范的决策机制还不完善。比如重大行政决策偏重合法性审查,缺乏有效的合理性评估、经济和社会风险评估;重大决策过程中的公众参与仍然缺少必要的程序规范和硬性规定,公众参与度比较低,参与的领域和程度都有很大的局限性,公众参与的效果不佳,专家咨询论证的作用没有充分发挥。这些都需要新区各级党政强化法治理念,创新行政管理方式,完善行政管理体制。

第四章　浙江舟山群岛新区行政体制改革的学理依据

纵观公共行政百余年历史,公共行政理论源远流长,引导着公共行政实践的不断发展。20世纪70年代以来,发端于英美等发达国家的公共行政改革浪潮席卷全球。凭借经济、文化、社会的先进性,发达国家的行政改革从观念的产生,理论的提出到实践层面的运作,都给后发国家带来了强烈的示范效应,也得到了这些国家积极与广泛的回应。在这场声势浩大的行政变革浪潮中形成了新公共管理、新公共服务、治理以及服务型政府等诸多公共行政理论,对我国行政体制改革实践产生了深远影响。

第一节　新公共管理理论的主要观点

20世纪70年代末80年代初,西方各国为解决政府所面临的财政、信任和政治三大危机,提高公共服务的效率和质量,掀起了一场以市场为导向的政府改革,新公共管理理论由此诞生并迅速扩及西方各国。20世纪90年代的政府再造运动更是将其推向高潮,学术界称之为新公共管理运动,而新公共管理理论也成为当代西方政府改革的主要理论指南。尽管不同的国家行政改革的方式与程度有所不同,但是改革的理论基础和路径表现出相当共性,即在新制度经济学、公共选择理论和工商管理理论的指引下,政府部门大力进行民营化改革,推进公共服务的市场化,同时积极引进和借鉴私营部门的先进的管理技术、方法和理念。

新公共管理理论把公共行政看作是一门以效率为导向的管理技术和科学,坚持效率标准,并且为了追求效率,会通过严密的程序和规则严格控制投入或者利用精密计算得出的结果去评估并促进产出的最大化。也就是说,它是一种工具理性取向的行政科学,坚持效率至上,单纯追求行政的科学化和技术化,并且很少提及甚至忽略公平、正义、民主等公共价值①。它从管理学的角度批判官僚主义,推崇私营机构的管理技术,认为分权、放松规制、委托等是医治公共管理机制僵化痼疾的组织原则②。

不同的学者对新公共管理的内容有着不同的看法,其中,奥斯本和盖布勒的"企业家政府理论"被视为新公共管理的理论核心。奥斯本指出,"我们说到公共机构的企业家,指的是不断汲取私营部门的新的经验和做法来运用资源,从而提高公共部门效率或效能的人。"③这个概念实际上是试图将企业中的成功经验移植于政府工作中,使之低成本和高效化,最大限度提炼和展现了新公共管理理论的"管理的自由化"和"管理的市场化"特征,随之得到普及。

企业家政府理论是在西方传统公共行政体制出现危机时而产生的,该理论强调,当前政府的运作低效,责任并不在于政府工作人员,而在于政府行政体制。正如奥斯本和盖布勒所言,政府中的大多数公务员是负责的、有才能的、立志献身的人,只是受制于陈旧体制的桎梏,创造性得不到发挥,精力遭到浪费。我们相信这些制度可以改变,释放出政府公务员身上巨大的能量,提高他们为公众服务的能力。因此,要从根本上提高政府绩效,就必须变革政府的现行体制。为此,20世纪90年代初戴维·奥斯本和特德·盖布勒在《重塑政府:企业家精神如何改革着公共部门》中,提出了构成企业家政府理论之基本内核的十条政府改革原则:

(1)起催化作用的政府,政府应集中精力"掌好舵"而非"划好桨",用政策吸引竞争者,保持最大的灵活性来应付变化着的环境;

(2)社区拥有的政府,政府的行政专家们不应事必躬亲,而要善于授权,鼓励公众参与管理;

(3)竞争性的政府,政府应通过各种形式引入竞争机制,增强成本意识;

(4)有使命感的政府,政府应摆脱繁文缛节的束缚,改变照章办事,只昭示做什么,并放手让人们去履行各自的责任,无须管制过细;

(5)讲求效果的政府,政府应讲究效果,对各部门业绩的衡量重在成果而不是投入项目的多少;

(6)顾客驱使的政府,政府是受顾客驱使的,其宗旨是满足顾客的需要,不是

① 李玉耕.20世纪60年代以来的西方公共行政理论述评[J].上海行政学院学报,2012(13).
② 丁煌.当代西方公共行政理论的新发展[J].公共行政,2006(3).
③ 戴维·奥斯本.再造政府——企业家精神如何改革着公营部门[M].上海:上海译文出版社,1996.

官僚政治的需要,故政府应像企业一样具备"顾客意识",建立"顾客驱使"的制度;

(7)有事业心的政府,政府应具有一种"投资"观点,应把利润动机引进为公众服务的活动中,变管理者为企业家,为回报而投资;

(8)有预见的政府,政府应着眼于以预防为主,而不是通过事后服务来挽回损失,防患于未然;

(9)分权的政府,政府应善于下放权力,实行参与式管理,通过参与及合作,分散公共行政机构的权力,简化其内部结构上的等级;

(10)以市场为导向的政府,政府在行政管理工作中应采取市场取向的思维,应引进市场机制,以改善公共服务,政府的管理政策应以市场为依托,组织市场,规范市场,通过市场的力量推进变革。

英国著名公共管理学家胡德教授则将新公共管理的特质归纳为七条,被称为"新公共管理七条"[1],即:

(1)在公共部门中实施专业化管理,让公共管理者自己管理并且承担责任;

(2)确立明确的目标,设定绩效测量标准并且进行严格的绩效测量;

(3)特别强调产出控制,对实际成果的重视甚于对过程或程序的关注;

(4)打破公共部门中的本位主义,对部门进行撤分与重组,破除单位与单位之间的藩篱;

(5)在公共部门中引入竞争机制,降低管理成本,提高服务质量;

(6)强调对私营部门管理方法和风格的吸收和运用;

(7)强调对资源的有效利用和开发。

总的来说,新公共管理理论以市场或顾客为导向,提出了全新价值理念。新公共管理采用私营部门管理理论、方法及技术,重新调整国家、社会、市场三者的关系,从根本上改革政府的不良体制,将自上而下的官僚体制转向一种自下而上、简政放权式的"企业家政府"模式,政府不再是发号施令的权威官僚机构,而是以人为本的服务提供者,政府的公共行政从"管治行政"转变为"服务行政"。新公共管理引入了市场竞争机制,打破了传统公共行政权力垄断,主张公共服务应广泛引入私营部门参与,以竞争机制迫使垄断部门对顾客的需求变化做出迅速反映,以提高质量与效率。同时,新公共管理理论还主张政府职能由"划桨"转为"掌舵",要把

---

① Hood C:A public management for all seasons[J]. Public Administration,1991(1).

管理与具体操作分开,重新塑造市场,改造公务员制度,释放出公务员身上巨大的能量,使公务员以主动精神设计公共政策且尽职尽责地执行政策,创建有事业心和有预见性的政府,实施明确的绩效目标控制。新公共管理理论是在西方特定的历史背景下形成的产物,一定程度上体现了西方公共行政的发展趋势与方向,它对于我国行政管理体制改革的借鉴意义也是显而易见的:一是新公共管理强调政府公共管理应该像企业管理那样,将效率放在首要地位;二是新公共管理把一些科学的企业管理方法引入到公共行政领域,如成本核算、目标管理、绩效评估等,这对于提高行政效率是有促进作用的;三是新公共管理强调既注重遵守既定的法律、规章,又注重实际工作绩效,这对于依法行政具有很强的参考作用;四是新公共管理将竞争机制引入了政府公共服务领域,为政府管理提供了更多的选择范式。① 然而,新公共管理理论也存在着一些缺陷,比如对市场的过度迷信、公私管理的混淆以及"顾客"隐喻的不恰当等,都遭到了一些学者的批判。

第二节　新公共服务理论的主要观点

新公共服务理论是在反思和批判新公共管理理论特别企业家政府理论缺陷的基础上诞生的一种新的公共行政理论体系。"新公共服务"的概念最早由美国著名行政学者帕特里夏·英格拉姆和戴维·罗森布鲁姆于1989年提出。1999年美国公共服务研究的权威人物保罗·赖特在《新公共服务》中以更为具体化的实证方式对新公共服务的概念加以描述。2000年登哈特夫妇在《公共行政评论》上发表《新公共服务:服务而不是掌舵》一文之后,这一概念真正引起学界关注并开始试图应用于实际。

新公共服务理论,指的是关于公共行政在以公民为中心的治理系统中所扮演的角色的一套理念:公共行政官员在其管理公共组织和执行公共政策时应该集中于承担为公民服务和向公民放权的职责,他们的工作重点既不应该是为政府航船掌舵,也不应该是为其划桨,而是应该建立一些明显具有完善整合力和回应力的公

---

① 柴生秦.新公共管理对中国行政管理改革的借鉴意义[J].西北大学学报(哲学社会科学版),2000 (2).

共机构。其推崇公共服务精神,旨在提升公共服务的尊严与价值,重视公民社会与公民身份,重视政府与社区、公民之间的对话沟通与合作共治。

相较于新公共管理理论,新公共服务理论是偏向于价值理性取向的行政哲学,它更强调的是公共价值,积极倡导公共行政精神。相反,该理论缺少制度化的途径和可操作的机制。可以说新公共服务理论是以对新公共管理理论的批判为开端的,因为新公共管理理论始终秉持以政府公权力为核心和主导地位的公共行政理念。为此新公共服务理论对其进行了批判,认为这不符合民主思想和公共利益,因为"一味地放任政府治理走向市场化与竞争化将导致公共利益与公民尊严的丧失"①。登哈特夫妇以民主公民权理论、社区与公民社会理论、组织人文主义和新公共行政以及后现代公共行政为思想基础,对新公共管理理论发起了进攻。这些理论基础概括起来就是追求公共利益(或共同利益)、主张以社区为单位的公民参与、反对将组织成员非人格化或机械化、打破公共行政的价值中立、合众人之力公开交流、服务者、向公民放权、建立一些明显具有完善整合力和回应力的公共机构等观点的集合。

登哈特夫妇所描述的新公共服务有七项基本原则为:②

(1)服务,而非掌舵。公务人员日益重要的角色是帮助公民表达和实现他们的共同利益,而不是试图掌控或引导社会发展。新公共服务理论认为,尽管政府过去在为社会"划桨"与"掌舵"方面发挥出色,但全球化与信息化时代的公共政策的发生过程涉及各类社会群体与多种多样的利益集团。因此,如今政府已然无法"划桨"或是"掌舵",而是成为公众的服务者,服务的具体形式就是提供议程安排,使各方利益相关者坐到一起,协商解决大家共同面临的公共问题。在这样一个公民积极参与的社会中,公共行政官员将要扮演的角色越来越不是服务的直接供给者,政府拥有的是调停、中介和仲裁的权力和责任。

(2)公共利益是目标,而非副产品。公共管理者必须致力于构建集体的、共同的公共利益观念。目的不在于通过每个人的选择找到快速解决问题的途径,而是创造公共利益和公共责任。新公共服务理论认为,政府的作用不仅在于将人们聚集在一个真诚对话的环境中,共商社会的发展方向,政府还有责任确保这些程序以

①　谭功荣.西方公共行政学思想与流派[M].北京:北京大学出版社,2008.

②　Denhardt Robert B and Denhardt Janet Vinzant. The new public service,seving rather than steering[J].Public Administration Review,2000(6).

及由此产生的解决方案完全公平与公正,以确保公共利益居于主导地位。建立社会远景目标的过程并不能只委托给民选的政治领袖或被任命的公共行政官员。因此,政府需要构建公众可以表达真实意愿的平台,鼓励公众一致行动,而不是利益的妥协,以确保长远和广博的公共利益的形成。

(3)战略思考和民主行动。满足公共需求的政策和行动,应该是集体努力通过共同合作来有效地完成。新公共服务理论认为,为了实现公共利益,不仅要战略性的思考问题,而且要使利益共同体一起参与到政策方案的执行过程中。在新公共服务理论学者看来,尽管政府不能创造社区,但是,政府,更具体地说,政治领袖却能够为有效的和负责任的公民行动奠定基础。政府应该采取一定的措施激发人们重新恢复公民自豪感与公民责任感,这种自豪感与责任感会进一步发展成为多方面的更为强烈的参与意愿。在这种情况下,利益共同体会共同努力为参与、合作和达成共识创造机会。最终,战略思想有助于确保政府的开放性与持续的远见,民主行动有助于增加政府的亲和力与回应力,能够更好地为公民服务。

(4)服务于公民,而非顾客。新公共服务理论的主要观点是,政府与公民之间的关系不同于企业与顾客之间的关系。在公共部门,很难确定谁是顾客,公众的需求因为公众个人能力和资源的拥有而显出不同层次。在政府中,公平与公正是其提供服务时必须考虑的一个重要因素,并且,政府必须关注全体公民的需要和利益,以及重要的公共利益。公共利益来自于真诚而开放的对话和共同价值,而不是个人利益的组合。因此,公共行政人员不仅回应公民的需求,而且要集中构建政府与公民,以及公民与公民之间的信任和合作关系。

(5)责任并不简单。公务员应该不仅仅关注市场,更要关注法令和宪法、社区价值、政治规范、职业标准以及公民利益,责任并不简单。传统的公共行政理论认为,公共行政官员只需对上级或政治官员负责。新公共管理理论认为,公共行政官员应具有企业家精神,其应以高效、低成本和强回应性的行为对"顾客"负责。而新公共服务理论则认为,上述两种理论都有将责任简单化的倾向,公共行政官员的责任实际上极为复杂。他们应该受到包括公共利益、宪法法律、政府、媒体、职业标准、社会价值观念、环境因素、民主规范、公民需要在内的各种制度和标准等复杂因素的影响并对此类复杂因素负责。

(6)重视人,而不只是生产力。从长远看,如果公共组织和网络的运作是基于尊重所有人的合作和共同领导,更可能取得成功。新公共服务理论家在探讨管理和组织时十分强调"通过人来进行管理"的重要性。通常,人们往往将生产力改进系统、过程重塑系统和绩效测量系统视为设计管理系统的工具。但新公共服务理论家却认为,从长远来看,这种试图控制人类行为的理性做法在组织成员的价值和利益并未同时得到充分关注的情况下很可能要失败。此外,虽然这些探讨可能会取得一些成果,但是它们却培养不出具有责任心、献身精神和公民意识的雇员或公民。在他们看来,如果要求公共行政官员善待社会公众,那么公共行政官员本身首先应受到公共机构管理者的善待。新公共服务理论已经充分认识到公共行政官员的工作不仅极其复杂,而且面临着巨大的挑战。公共行政官员既不像传统公共行政理论所认为的那样只是一种职业雇员,也不像新公共管理理论所主张的那样只是市场参与者,他们应该是立足于公共服务,并且拥有为社会做贡献的强烈愿望的一群人。因此,为实现为公众服务的愿望,被合理适当的授予领导权对公共行政官员显得特别重要。通过被合理的授权,使公共行政官员与主动参与的社会公众一起行使相关行政职权,可以使公共行政官员与参与行政活动的社会公众将关注的焦点转移到更高的价值理念层次上去。这种对人的重视的理念,从长远看,更容易使公共组织的运作获得成功。

(7)重视公民权和公共服务高于企业家精神。与视公共财产为己出的企业家相比,致力于为社会做出重大贡献的公务员和公民更能够提升公共利益。公民权和公共服务比企业家精神更重要。新公共服务理论认为,新公共管理理论鼓励公共行政官员采取企业家的行为和思维方式,这样会导致其将所追求的目标狭隘化即只是为了最大限度地提高生产率和满足顾客的需求。而在新公共服务理论看来,公共行政官员不是公共机构的所有者,政府的所有者是公民。公共行政官员责任仅仅在于通过担当公共资源的管理者、公共组织的监督者、民主权力的促进者和公民参与的推动者等角色来完成公共服务的使命。因此,新公共服务理论认为,公共行政官员不仅要通过中介职能来解决公共问题,而且还必须将其角色重新定位为负责任的参与者,而非企业家。

总之,新公共服务的主张,就是建立行之有效的公民利益表达机制,使社区、公民和政府沟通与合作、群策群力,协同政府更好地提供公共服务;新公共服务理论试图鼓励越来越多的人履行自己的公民义务并希望政府能够特别关注公民的声音,提出和建立一种更加关注民主价值和公共利益、更加适合于现代公民社会发展和公共管理实践需要的新的理论选择。这无疑是对新公共管理理论的一次超越。

但它本身也有一定的局限性:其倡导较高的伦理要求,却未提出有效的实现途径,并且缺乏一个可以操作的组织结构和运行方式。

第三节　治理理论的主要观点

20 世纪下半叶开始,西方国家在政府管理中经历"市场失灵"和"政府失灵"的双重考验后,意识到单纯依靠政府管理或者市场调节都无法达到资源的最佳配置,在此背景下,治理理论应运而生。进入 90 年代后,"治理"理论成了当今西方学界最流行的理论之一。公共治理理论是对传统公共行政理论进行反思和批判的基础上,对新公共管理理论和新公共服务理论进行理论整合的产物。公共治理理论的出现是一种代表着西方公共行政管理理论发展趋势的新型公共行政理论。

作为一种新型的公共行政理论,公共治理理论的内容、范畴等尚存在着相当程度的分歧。其理论内核是主张通过合作、协商、伙伴关系,确定共同的目标等途径,实现对公共事务的管理。治理的操作手段和规则具有多元性和动态性,它通过衡量政府、市场、自组织网络等不同的协调形式的优缺点以及不同形式的网络化协调达到公共事务处理的最佳状态。政府将更多的公共服务生产交给非政府机构和企业承担,政府则主要担负起公共服务的规划、融资、绩效评估以及监督等职责。这意味着非政府机构超越了其仅仅作价值观引导的坐而论道或仅仅是社区内部进行志愿者活动等传统的组织角色。

关于治理的概念,学术界有不同的观点。其中,全球治理委员会对于治理的定义具有很强的代表性和权威性。1995 年,全球治理委员会在一份题为《我们的全球伙伴关系》的研究报告中对治理作了如下界定:治理是各种公共的或私人的个人和机构管理其共同事务的诸多方式的总和。它是使相互冲突或不同的利益得以调和并且采取联合行动的持续的过程。它既包括有权迫使人们服从的正式制度和规则,也包括各种人们同意或以为符合其利益的非正式的制度安排。它有四个特征:治理不是一整套规则,也不是一种活动,而是一个过程;治理过程的基础不是控制,而是协调;治理既涉及公共部门,也包括私人部门;治理不是一种正式的制度,而是持续的互动。①

我国著名学者俞可平则认为，治理一词的基本含义是指在一个既定的范围内运用权威维持秩序，满足公众的需要；治理的目的是在各种不同的制度关系中运用权力去引导、控制和规范公民的各种活动，以最大限度地增进公共利益②。

格里·斯托克③对治理理论的主要论点作了概括。治理理论的基本论点主要包括下列几个方面：

（1）从治理的主体特征看，它是主体的多元化和其之间的相互依存及互动。"治理意味着一系列来自政府但又不限于政府的社会公共机构和行为者。它对传统的国家和政府权威提出了挑战，政府并不是国家唯一的权力中心。各种公共的和私人的机构只要其行使的权力得到公众的认可，就都可能成为在各个不同层面上的权力中心。"④公共治理理论认为，政府并非是公共管理的唯一主体，私营部门、非政府机构在公共事务的管理中都扮演着重要的角色，它（他）们在介于市场经济与公共部门之间的"社会经济"领域内积极活动并且依靠自身资源参与管理共同关切的社会事务，在某些领域，非政府组织和个人甚至比政府拥有更大的优势⑤。

（2）在公共服务领域，全球正在跨越公私界限，并给政府、非政府机构和企业组织进行重新定位。治理理论认为公与私、政府与社会、政府与市场的责任界限实际上是相当模糊的。治理理论关注公共责任的转移趋势，即从政府转移到非政府机构和个人的趋势。公私界限的模糊既表现为许多非政府机构向传统公共领域的进军，也表现为国家对传统上社会领域的干预，还表现为公共领域和市场领域的区分也不像以前那样明显。志愿团体、非营利组织、非政府机构、合作社、社区企业、社区互助组织等具有不同性质和名称的非政府组织大量涌现。这些组织致力于解决种种不同的经济、社会乃至政治问题，在社会中的作用和影响日趋扩大。从世界范围看，非政府机构在社会经济发展中承担更大的责任已成为一种发展趋势。在联合国体系中，包括世界银行在内的各机构在对发展中国家的资助中，非政府机构

①　全球治理委员会.我们的全球伙伴关系[M].牛津大学出版社,1995.
②　俞可平.治理与善治[M].北京：社会科学文献出版社,2000.
③　格里·斯托克.作为理论的治理：五个论点[J].国际社会科学杂志,1991(1).
④　瓦尔特·J·基克特,艾里克·汉斯.管理复杂网络(英文版)[M].赛奇出版社,1997.
⑤　吉利斯帕奎特.通过社会学习的治理[M].奥特瓦大学出版社,1999.

已经成为项目实施和服务提供的主要力量。治理理论要求社会承认它们的贡献和作用。

（3）多元化的公共管理主体之间存在着权力依赖和互动的伙伴关系。治理理论认为在公共管理主体方面出现多元化的基础上，其主体之间存在着一种权力依赖的关系，即参与公共管理活动的各个组织，无论是公共组织还是私人组织，都必须相互依赖，进行谈判和交易，在实现共同目标的过程中实现各自的目的，从而形成一种互动的过程。无论是公共组织还是私人组织都不拥有充足的知识和资源来独立地解决一切问题。在这种互动过程中，政府与其他社会公共机构存在着权力依赖关系，从而建立起各种各样的合作伙伴关系。

（4）公共管理主体的多元化、主体相互之间的权力依赖和合作伙伴关系，以及协商、谈判和交易，结果必然形成一种自主自治的网络。多元化的公共管理主体依靠自己的优势和资源，通过对话树立共同目标，增进理解和相互信任，最终建立一种共同承担风险的公共事务管理联合体。这种网络化公共管理通过自主合作，追求多元化和多样性基础上的共同利益，要求做出一些体制性的安排以求人们合作、合理利用人人都可以使用但却有限的公共资源。信息灵通而且降低传递成本为设计这些有效的体制所必需，而自我建立的体制要比由政府施加的管理更为有效。

（5）治理理论认定，办好事情的能力并不在于政府的权力，不在于政府下命令或运用其权威。政府可以动用新的工具和技术来控制和指引、协调与整合。公共治理语境下的政府在社会公共网络管理中扮演着"元治理"角色[①]。公共治理理论认为，在社会公共管理网络中，虽然政府不具有最高的绝对权威，但是它却承担着建立指导社会组织行为主体的大方向和行为准则的重任，特别是在那些"基础性工作"中，政府仍然是公共管理领域最重要的行为主体。

总之，治理理论认为，政府并非是公共管理的唯一主体，私营部门、非政府机构在公共事务的管理中都扮演着重要的角色。它打破了传统的公共行政理论将政府作为理所当然的公共事务管理责任的承担者的惯性思维，抛弃了传统公共行政的垄断和强制性质，强调政府、企业、团体和个人的共同作用，主张通过合作、协商和建立伙伴关系，确定共同的目标，实现对公共事务的管理。

---

① 丁煌.西方公共行政管理理论精要［M］.北京：中国人民大学出版社，2005.

第四节　服务型政府理论的主要观点

服务型政府这个概念的提出是中国学者的一大理论创新和贡献,是中国学者对市场经济体制下政府角色如何定位长期思考和讨论的结果。1995 年 4 月,张成福教授第一次在行政学研究领域提出"服务行政"的概念,认为中国行政改革的目标要定位在实现由"管制行政"向"服务行政"的过渡上。他发现,市场经济体制改革初期,行政改革的空间很大,成效非常明显,突出表现在政府职能的范围明显缩小。但是随着改革的不断深入,行政改革不仅仅只是政府职能范围的大小问题,而是政府角色如何定位问题。也就是说,政府在与市场、社会,以及公民的关系中,到底应该充当什么样的角色? 很显然,在市场经济体制下,政府的角色定位就是一个为市场、社会发展提供规则和维持秩序的服务者。但中国原有的政府模式却是典型的管制型模式,因此中国行政改革发展到现在,要解决的主要问题就是政府作为"管制者"与市场经济要求政府应该作为"服务者"的角色冲突问题,所以他提出"服务行政"的概念。① 1998 年,张康之教授第一次在国内提出"服务行政模式"的构想。他认为"社会主义的公共行政应当既不同于传统的统治行政模式,也不同于近代的管理行政模式,而是一个全新的服务行政模式"。② 尽管学界有"服务行政",以及"服务行政模式"的提法,但在当时并没有引起学界的高度重视,也没有引入中国行政改革的实际进程。主要原因就是要实现由"管制行政"向"服务行政"的转变,不可避免地要影响和牺牲公务员的切身利益。因而当这种改革与内部利益发生冲突时,必然会遇到阻力不能推进。所以要使改革继续推行下去就必须有外力的推动,在当时,这个外力就是中国加入 WTO。一些国内学者,刘熙瑞教授就是其中比较突出的一个,便抓住这一时机,于 2002 年 1 月在《国家行政学院学报》发表文章,正式提出"中国加入 WTO 后,政府只能是一个服务型政府"。③ 同年 7 月,又在《中国行政管理》杂志发表文章,认为"经济全球化背景下中国政府改革

①　张成福,党秀云.中国公共行政的现代化——发展与变革[J].行政论坛,1995(4).
②　张康之.行政道德的制度保障[J].浙江社会科学,1998(4).
③　刘熙瑞.加入 WTO 与服务型政府建设[J].国家行政学院学报,2002(1).

的目标选择只能是服务型政府"。① 与此同时,谢庆奎教授也提出"加入 WTO 后,中国政府需要新一轮国家建设,这种建设主要是服务型政府建设"的概念。因为入世就意味着中国政府必须遵守世贸组织规则和中国政府的入世承诺,废除那些不符合世贸组织规则的国内法规、行政规章,转变政府管理理念,也就意味着中国政府需要进行新一轮的国家建设。②

这样,学界对中国行政改革的目标定位就开始由"服务行政"到"服务行政模式",再到直接的"建设服务型政府"。梳理学界对服务型政府的内涵界定和服务型政府理论的主要观点,主要集中在四个角度:③

(1)政府与公民关系转变的角度。有学者认为,服务型政府是在公民本位、社会本位理念指导下,在整个社会民主秩序的框架下,通过法定程序,按照公民意志组建起来的以为公民服务为宗旨并承担着服务责任的政府。过去我们对政府模式的探讨总是围绕政府与社会、政府与市场的职能在"量"上谁大谁小的问题来展开。但是持这种观点的学者们认为,我们所说的服务型政府,不仅仅只是职能作用发挥"量"上简单的大小分割问题,更为重要的是一种根本性的职能转变,也就是要从管制职能到服务职能的"质"的转变。这就要求政府要实现由政府本位向社会本位、由官本位向公民本位、由权力本位向权利本位转变,重新确定政府与公民的主仆关系,我认为这抓住了服务型政府最本质的特征。事实上这种界定也成为当前服务型政府研究中引用率最高、认可度最高的一种。

(2)政府职能结构调整的角度。有学者认为,在市场化改革逐步深入的情况下,政府改革的实质应该是转型,即要从经济层面、政治层面和社会层面实现由经济建设型政府向公共服务型政府转变,推进公共服务型政府建设。这些学者所提出的公共服务型政府,仅仅将政府的职能定位于以提供公共服务为主,只进行政府职能结构的调整,不实现政府与公民关系的转变,因而并没有实现政府由管制向服务的转型,不能称其为真正的服务型政府。

(3)政府职能历史演进的角度。有学者认为,行政模式由"统治行政"向"管理行政"再向"服务行政"转变,是一个历史趋势。在此基础上认为,对近

① 刘熙瑞.服务型政府——经济全球化背景下中国政府改革的目标选择[J].中国行政管理,2002(7).
② 谢庆奎.服务型政府建设的基本途径:政府创新[J].北京大学学报(哲学社会科学版),2005(1).
③ 井敏.国内服务型政府研究的四种角度[J].新视野,2006(3).

代社会以前的行政视为"统治行政"，相应的政府类型是统治型政府；对近代社会的行政视为"管理行政"，相应的政府类型就是管理型政府；而对新公共管理时期即20世纪七八十年代以来的政府，视为"服务行政"模式，尽管没有直接称之为服务型政府，但最起码是向服务型政府的过渡。这种界定是从大历史的角度，将人类历史上的政府类型划分为统治型政府、管理型政府和服务型政府，并且指出了这三种类型之间存在着历史的自然演进关系，从而说明了建设服务型政府是一种历史的必然，这也从另一个角度回答了在中国建设服务型政府的必要性。

（4）政府工作方式改变的角度。有学者认为，地方政府在改革中所采取的集中提供服务，改善服务态度，设立"政务超市""阳光大厅""一站式服务"、"审批中心"等尝试，就是在进行服务型政府建设，反过来，将这些新的工作方式引入公共管理中的政府，就是服务型政府。这种观点将政府工作方式的转变等同于服务型政府，没能充分认识到服务型政府是一种全新的政府模式，这种政府模式要求政府在行政理念、决策机制、责任体系和行为方式等方面的转变，因此，这样的理解比较表面化。实际上，任何一种类型的政府，即使是封建时期的统治型政府，在"水能载舟，亦能覆舟"的认识下，也会提供一些服务，改善一些态度，但我们并不能因此就认为它们是服务型政府。

可以说，到目前为止，不论是学者还是党政干部，对什么是服务型政府，怎样建设服务型政府，还没有取得一致意见。综合学者们不同视角的研究结论，结合当前我国各级政府建设服务型政府的实践探索，我们认为，通俗地说，服务型政府就是在公民本位、社会本位理念指导下，以社会公众的需求为出发点，以满足合理的公共需求为服务导向，以多元参与为服务形式，以推动科学发展和促进社会和谐为目的，依法承担全面、公平和高效的公共服务、责任的政府治理模式。它至少包含八方面的基本特征：

（1）行政理念民本化。即突出"以民为本"，以民意为依据，通过各种有效的方式与手段，积极回应和满足社会民众的利益要求，充分实现社会民众的切身利益，切实承担起相应的行政责任，实现对人民负责，让人民满意。

（2）行政范围有限化。即行政范围不再无所不包，政府不再缺位、错位和越位，政府职责有明确边界且敢于负责。服务型政府行政范围的有限性至少表现在三个方面：一是职能的有限性；二是权力的有限性。政府权力受到宪法、法律的严格限制,政府必须守法,依法行政,必须为自己的违法行为承担法律责任;三是服务有限。不仅可以提供的公共产品有限,而且服务成本也有限。

（3）行政职能服务化。即政府职能的核心定位是服务,以服务合理的公共需求为依归。在履行服务职能的同时,将管制纳入服务,实施必要管制,不至于使政府软弱无力。服务型政府只能对公民的合理需求加以服务,而对于不合理需求,要加以惩罚。

（4）行政准则法制化。即政府行政不是人治,而是要依法行政,强调政府由法律产生、受法律控制、依法律办事、对法律负责,同时遵循公平、公正、公开的原则,实现政府的服务程序化、规范化。

（5）服务主体多元化。即服务主体是各级政府,但政府不再是唯一。强调社会平等参与,实现服务主体多元化,提升公共服务的有效性、公平性和可选性。从实践来看,如果仅仅依靠各级政府这种单一主体,很难在短期内改善公共服务的供给。必须在以政府为主体的情况下,充分发挥市场、社会力量,形成公共产品供给主体多元化的格局。比如说:政府可以通过购买、外包、租赁、招标等市场竞争机制,尽可能地把公共产品的生产交给企业、民间团体去做,强化公共产品生产和供给的竞争性;政府可以通过提供资助补贴、减免税收优惠等方式,鼓励各种社会力量,特别是非政府组织提供公共服务;政府可以按照谁投资谁受益的原则,允许和鼓励私营企业生产和经营公共产品,积极引进民间资金和外资提供公共服务。

（6）行政决策民主化。即反对非民主的集权专制式行政决策,设计科学合理的民主程序和遵循多数决定的原则,实施社情民意反映制度、重大事项社会公示制度、审核听证制度、专家咨询制度、论证制和责任制,以防止决策的随意性。

（7）行政执行透明化。即政府和公共部门在执行公务过程中,除了涉及国家安全并经法定程序得到豁免的公共信息,都应做到政务公开,实现"阳光行政",使公众得以了解和监督公共事务和政府工作状况。没有政务公开,没有公众对权力运行情况的监督,政府就难以真正服务于民。

（8）行政目标科学化。即政府行政不能只注重经济发展,而是在促进经济科学发展的同时,也要推动社会和谐稳定,切实提高政府为经济社会发展服务、为人民服务的能力和水平。

总之,服务型政府这一概念,本身就是对政府行为模式的一种反思,尤其在提出这一概念的中国,同时也是对政府本身组织结构的一种审视。服务型政府理论在强调以人为本的理念基础上,重视强化法治、有限权力、科学行政、民主行政和行政主体多元化。

第五节　当代公共行政理论的共同取向

深入挖掘当代四大公共行政理论,建立有限政府、责任政府、高效政府和法治政府,是它们内在的共同取向,很值得浙江舟山群岛新区在推进行政体制改革过程中借鉴。

一、明确职责定位,建设"有限政府"

当代四大公共行政理论均认为,面对多样化和无限性的社会公共需求,政府的供给能力始终是有限的。因此,政府首先要解决自身职责定位问题,即该管什么不该管什么。其中,新公共管理理论强调政府应集中精力"掌舵"(做好决策工作),而非"划桨"(做好具体的服务性工作),"划桨"的任务应通过分权、授权,交给私人部门和非营利组织、社会组织和公民自治组织等第三部门。新公共服务理论强调公共政策是一个互动的复合体,关乎众多群体、多元利益,这些群体和利益以复杂多变的方式结合在一起。在这样的情况下,政府显然无力统揽一切。多中心是治理理论的核心观点和本质特征,强调社会应以自主治理为基础,在公共服务供给过程中允许多个权力中心或服务中心并存。而服务型政府明确政府职责有界、职能有限、权力有限、服务有限,鼓励公共服务供给过程中,政府、市场和社会形成多元主体共治的格局。

二、坚持公众导向,建设"责任政府"

当代四大公共行政理论都倡导建立向公众负责的政府。新公共管理理论将人本精神视为公共行政的灵魂,把公民作为"顾客",主张建立以"顾客"满意度为导向的绩效考核制度,保证公共服务供给符合"顾客"的偏好,着力建设有使命感、有事业心的政府。新公共服务理论强调公民本位的核心理念,更加关注民主价值和公共利益,着力建设有回应性的政府。治理理论则强调政府与公民之间的合作与互动关系,着力培育和发展社会组织,促进公民社会成长,实现对公共生活的合作治理,满足公众的需要,最大限度地增进公共利益。服务型政府理论将政府的核心职能定位为服务,将服务公众合理的公共需求作为根本职责。

三、引入竞争机制,建设"高效政府"

高效性是当代四大公共行政理论一致追求的目标之一。新公共管理理论主张在政府管理过程中广泛引入市场竞争机制,让更多的私营部门、非营利组织参与提供公共服务,并通过注重绩效目标控制、注重结果导向、注重引入私营部门的成功经验等途径,打造一个部门人员少而精的、高效率的政府。新公共服务理论认为在思想上要具有战略性,在行动上要具有民主性,从而使满足公共需要的政策和方案可以通过集体努力和协作过程得以最有效并且最负责任地实现,确保政府具有开放性和可接近性,具有回应力。治理理论则强调公共服务多中心供给,这与单一政府主体供给相比,在公共服务过程中明显存在着多种选择、减少搭便车行为,以及更合理的决策等三个优点,有利于产生激励和有效竞争,提高公共服务质量,增进公共利益。服务型政府理论强调公共产品生产和供给的竞争性,充分发挥多元主体力量,提升公共服务的有效性和可选择性。

四、强化法治思维,建设"法治政府"

政府机构的改革,就是要建立法治政府,使政府遵循现代法治规则,高效地使用政府的权力,提升政府的公共福利水平。抛去法治政府的限制条件,则根本无法很好完成政府的机构改革、体制改革。法治,是一种前提性的存在。通常目前学界不会对是否建设法治政府产生怀疑性讨论,而是讨论该如何建设法治政府,其标准是什么或是构建路径如何。简单来讲,法治政府的建设路径包括机构权力配置是否合理、行政执法是否理性、是否积极塑造公民精神等,以及是否达到促进社会公平和提升政府能力这两个目标。

无论是建设有限政府、责任政府还是高效政府,都内涵了法治政府的理念,这是当代四大公共行政理论的共同取向之一。新公共管理理论虽然没有直接提到法治的概念,但是它对规章制度的严格遵从从侧面证明了法治的重要性,制度化的精神本就是法治的精神。新公共服务理论明确提到政府责任的约束性,即政府受到宪法法律在内的各种制度和标准等复杂因素的影响并对此类复杂因素负责。治理理论倡导人们服从的正式制度和规则,同样也是隐含着法治的概念,从制度角度引出法治的深刻意蕴。服务型政府理论的特征之一便是行政准则的法制化,即强调政府行政不是人治,而是要依法行政。

第五章　浙江舟山群岛新区行政体制改革的实践探索[①]

　　2013 年 8 月 21 日,浙江舟山群岛新区行政体制改革工作正式启动。这次行政体制改革总体上坚持以转变经济发展方式为主线,以提高新区统筹发展、海洋海岛开发保护和综合管理能力为重点,以建设服务型政府和法治政府为导向,加快政府职能转变,优化组织结构,创新管理方式,强化基层公共服务管理,着力破解制约新区开发建设的体制机制障碍,建立与新区建设发展相适应的行政体制。主要遵循四个基本原则:一是解放思想,先行先试。在重点领域和关键环节率先突破,加强经济功能区建设,创新海洋综合执法、海岛综合开发与保护等方面的体制机制,充分体现新区和海洋特色;二是提升效能,权责一致。优化陆海统筹发展、海洋综合管理、社会管理、市场监管等领域的机构设置和职能配置,探索建立有利于新区发展的事权关系和精简高效的体制机制;三是整体谋划,稳步推进。把握新区开发建设规律,正确处理改革发展稳定的关系、长远目标与阶段目标的关系、整体创新与重点突破的关系,积极稳妥有序地推进行政体制创新工作;四是因地制宜,激发活力。从新区发展实际需要出发,充分发挥各方主体的积极性,探索建立科学的干部考评机制和以实绩为导向的干部选拔任用机制,激发广大干部干事创业热情。[②]

　　纵观此轮新区行政体制改革的发展历程,启动至今,主要经历四个阶段:

　　第一阶段:调研准备阶段(2011 年 6 月—2013 年 5 月)。"浙江舟山群岛新区"批复设立后,舟山市委、市政府及时谋划、前瞻考虑,着手进行新区行政体制改革的前期研究。2012 年 10 月,在上级相关部门的指导下,完成了《舟山群岛新区

---

　　①　此章综合参考浙舟新党〔2013〕3 号《浙江舟山群岛新区行政体制创新工作总结报告》、浙江省委省政府领导重点调研课题成果《创新新区行政管理体制的思路对策研究》、舟山市编委办提供的材料《浙江舟山群岛新区行政体制创新工作基本情况》和《浙江舟山群岛新区大部制改革基本情况》。
　　②　参考中共舟山市委办公室 舟山市人民政府办公室转发《中共浙江省委办公厅 浙江省人民政府办公厅印发〈关于创新浙江舟山群岛新区行政体制的意见〉的通知》的通知 http://www. zhoushan. gov. cn/web/zhzf/zwgk/zfgz/zszb/zszb6613/201311/t20131101_603339. shtml

行政管理体制创新研究》初步报告。2013 年初,新区行政体制改革被列为年度十大重点工作之一,由市委主要领导主持创新新区行政体制改革重点课题,并成立专门课题组开展研究。2013 年 3 月 27 日舟山群岛新区建设动员大会前后,课题组赴上海浦东新区、天津滨海新区、深圳市、佛山市顺德区等地,认真学习考察了行政体制改革相关工作,并到国家民政部学习了解行政区划调整相关事宜。同时,深入县(区)、重点区块、乡镇(街道),采取座谈、个别交流、实地走访等形式,了解掌握第一手资料,广泛征求干部群众意见。在大量学习考察调研的基础上,初步形成了课题研究报告和改革的总体思路,并对综合行政执法和海洋行政执法等课题进行了专题研究。

第二阶段:方案形成阶段(2013 年 5 月—2013 年 8 月)。在课题研究报告的基础上,课题组迅速启动了改革相关方案的起草工作。在此期间,市委、市政府主要领导多次听取汇报,主持召开讨论会,就改革的一些方向性、原则性问题提出了重要的指导意见,并对方案涉及的具体改革事项进行深化研究和论证。市人大、市政协主要领导和市委、市政府相关领导也积极参与调研和讨论,提出了许多建设性的意见和建议。课题组对总体方案和各个专项方案进行了反复讨论,并多次赴杭州与省级相关部门汇报交流情况、征求意见,尤其是与省编委办进行多次沟通请示。同时,向市及县(区)四套班子领导、市级部门主要负责人征求了意见。经过反复的梳理、提炼和修改,改革的思路、脉络和重点逐步清晰,改革方案不断完善、成熟。2013 年 7 月下旬,专门召开市委务虚会议、市委常委(扩大)会议,进一步集思广益、征求意见,形成共识、统一思想。2013 年 7 月 26 日,市委六届三次全会审议通过了《创新浙江舟山群岛新区行政体制的若干意见》。2013 年 8 月 19 日,省委办公厅、省政府办公厅印发《关于创新浙江舟山群岛新区行政体制的意见》的通知,新区行政体制改革有关方案正式出台。

第三阶段:正式实施阶段(2013 年 8 月—2013 年 10 月)。2013 年 8 月 21 日,舟山市召开创新浙江舟山群岛新区行政体制动员大会,新区行政体制改革工作正式启动。2013 年 8 月 29 日、9 月 13 日,市委办公室、市政府办公室分别印发了定海区、普陀区和岱山县、嵊泗县的党政机构改革方案;2013 年 8 月 29 日,市政府印发了定海区、普陀区关于部分乡镇(街道)行政区划调整的批复,四县(区)行政体制改革工作与市里基本同步开展。2013 年 9 月 30 日之前,29 家市级改革调整单位的"三定"工作全部完成,乡镇(街道)行政区划调整基本完毕,经济功能区、机构整合及新组建单位主要领导和班子其他成员均已调整到位,依法按规定对提前退休、退岗、离岗人员资格认定和审核工作完成,办公用房调配逐步到位。

第四阶段:深化完善阶段(2013年10月12日至今)。2013年10月12日,召开新区领导干部大会,对创新新区行政体制工作作了阶段性总结,并就下步深化完善的相关工作进行了部署。

从内容来看,此次新区行政体制创新,主要围绕新区"三大定位、五大目标",突出"三强三优",即以强化新区统筹协调职能、强化政府职能转变、强化经济功能区建设,优化部门机构设置、优化乡镇(街道)行政区划、优化基层社会管理和公共服务为主要内容,实行经济管理扁平化、社会管理精细化、政府服务高效化,逐步建立起与新区建设发展相适应的机构精简、职能综合、结构合理、运行高效的行政管理体制,为新区开发建设提供了强有力的体制保障。

第一节　强化新区统筹协调职能

为理顺关系,提高效能,发挥整体优势,舟山群岛新区党工委、管委会分别与市委、市政府进行合署,并构建起四大运行机制,强化新区统筹协调职能,形成高效的行政管理体制。

(1)构建起新区领导决策机制。建立了新区规划建设工作领导小组、新区财经工作领导小组和新区招商引资工作领导小组,强化新区全域统一规划、统一开发建设的统筹领导力度。新区规划建设工作领导小组的主要职责是统一指导、协调和监督《浙江舟山群岛新区发展规划》的实施与管理,研究新区发展战略,指导和推进新区开发建设,保证新区健康有序发展。新区财经工作领导小组的主要职责是研究贯彻落实中央、省委关于新区财经工作和新区开发建设的决策部署,研究新区重大财经问题和重大建设项目。新区招商引资工作领导小组的主要职责是统筹协调新区的招商引资工作,牵头对外推介和重大项目招商洽谈,指导引进重点招商项目,协调解决重点招商项目的重大问题。

(2)构建起新区统筹协调机制。组建了新区党工委管委会办公室,市委办公室、市政府办公室与其合署,实行"一套班子三块牌子",加大新区日常运行事务的统筹协调力度。围绕项目建设,形成了重大项目推进中矛盾和问题的合力解决机制,保障项目顺利推进。建立并有效运行部省际联席会议制度,加大部省沟通协调力度,积极争取省委、省政府和国务院相关部门的大力支持。同时,围绕长三角一体化发展,主动对接上海和宁波等地,进一步完善共同发展、合作共赢的跨区域合作机制。

(3)构建新区参谋研究机制。对市级研究部门力量进行整合,组建新区政策研究室、新区发展研究院,同时整合辖内外研究力量,以课题调研等形式对新区开发建设所面临的重大任务、重点工作和重要政策进行深入研究,对新区发展中存在的重大问题提出政策性建议和咨询意见,并研究和制定中长期发展规划,为新区党工委管委会决策提供高水平、专业化、接地气的资政服务。

(4)构建起新区督查考核机制。对市委、市政府督查机构和职能进行整合,建立新区督查考核办公室,负责组织实施对新区党工委、管委会和市委、市政府重大决策及重要工作部署贯彻落实情况的督促检查,加强对新区重大项目、重点工程、重要工作的动态督查和实绩考核,有效提高新区决策部署的执行力。

第二节　强化政府职能转变

新区行政体制改革以转变政府职能作为核心,以推进"四张清单一张网"建设①、深化行政审批制度改革等为突破口,推动政府职能向提供优质公共服务、创造良好发展环境、维护社会公平正义等方向转变,努力建设法治政府和服务型政府,打造简便高效的行政管理服务品牌,提升新区环境竞争力。

(1)突出"简政放权",推进"四张清单一张网"建设。一是推进权力清单编制工作。坚持简政放权工作主线,根据省政府的统一部署,按照"法无授权不可为"的要求,市、县(区、功能区)、乡镇(街道)三级联动开展权力清单工作,认真清理以"红头"文件为依据的权力,梳理部门之间的交叉权力,区分内部权力和外部权力,甄别常用权力和非常用权力,推进政府职能法定化。经清理,列入清理范围的36家市级部门的全部行政权力共3843项,权力数比"一报"减少52.73%。目前市、

---

① 推进"四张清单一张网"建设,即政府权力清单、企业投资负面清单、政府责任清单、省级部门专项资金管理清单和浙江政务服务网,分别从限制政府权力、强化政府责任、减少微观干预、赋予市场自由、打造阳光政务等五个方面,搭建起政府全面履职的制度框架。

县(区)两级部门权力清单已在省政务服务网公布,权力运行流程图编制、乡镇(街道)权力清单等工作正在抓紧推进。

二是推进责任清单编制工作。在权力清单的基础上,按照"法定职责必须为"的要求,开展责任清单编制工作。认真梳理部门职责,落实承办机构,明确实施依据,明确政府部门"该干什么、不该干什么";理清部门之间的职责交叉事项,明确各部门的履职界限,分清主办、协办关系,落实监管责任,防止出现"谁都有责任,谁都没有责任"的现象;对保留、取消、转移、下放的职责分类建立事中事后监管制度,避免管理缺位,做到"减权不减责";梳理社会公共服务事项,方便群众办事,接受社会监督。

三是推进企业投资负面清单编制。制定出台《舟山市政府核准的投资项目目录(2014年本)》《舟山市外商投资项目备案管理办法》和《舟山市境外投资项目备案制管理办法》,对凡是投资"核准目录"内的内外资项目,均实行核准,投资"核准目录"外的项目,不管是内资还是外资均实行备案管理,在准入管理上真正实行了对外商投资的国民待遇和负面清单管理模式,进一步实现了外商投资便利化。

四是推进专项资金管理清单编制工作。研究制定市级财政专项资金管理改革方案,加大专项资金清理力度;创建专项资金绩效预算管理模式,实行专项资金分类管理。同时,研究制定市级财政专项资金管理办法,建立财政专项资金管理清单制度,并建立项目储备库,推进市级财政专项资金按"因素法"分配。

五是推进浙江政务服务网舟山平台建设。根据全省建立"统一的门户网站、统一的权利事项平台、统一的受理平台"的要求,正在将市、县(区、功能区)、乡镇(街道)、社区四级行政审批服务事项全面纳入浙江政务服务网管理,建成功能完备的浙江政务服务网舟山平台,实现审批信息资源共享,建立公开、透明的高效办事机制。

(2)突出"提速增效",深化行政审批制度改革。明确深化新区行政审批制度改革的总体方向是对企业投资项目审批"简核简批"①,对政府投资项目审批"联

---

① 企业投资项目审批"简核简批"即以"宽进、严管"为核心,强调后续监管,规范登记备案制度,凡是不涉及政府性资金的所有企业投资项目都要变审批、审核为备案登记,放权于企业。

审联办"①,对为民服务事项办理"就近就便"②,积极推行"零距离、零障碍、零收费"。重点做好"争""减""集""下"四方面字文章。

一是做好"争"字文章。按照《浙江舟山群岛新区发展规划》,除重大规划管理,重要资源配置和重大社会事务管理等经济社会管理事项外,浙江省委、省政府赋予新区省级经济社会管理有关权限。在新区的积极争取下,浙江省在经济社会管理层面下放诸多权限,给予新区大力支持。2012 年 5 月以来,浙江省有关部门根据省政府《关于下放行政审批事项 推进舟山群岛新区开发建设的决定》,已经下放了 400 多项行政审批事项,赋予新区更大的自主发展权、决策权和创新权,重点加强海洋开发、涉海管理协调职能建设,探索将领海、内水及潮间带等离海岸较近而且开发利用较密集的海域授权新区管理,扩大新区在开发和利用海洋、海岛资源,制定区域开发、产业功能布局和财政税收等方面的自主管理能力,通过各类政策、法规、规划的制定和实施,达到合理开发海洋资源,保护海洋环境,促进海洋经济持续、快速、协调发展的目的。

二是做好"减"字文章。尽可能减少企业投资项目审批事项,除涉及国家安全、环境保护等方面的内容外,企业投资项目审批事项能少则少,让市场起决定性作用,真正让企业投资行为回归市场。比如,建立了负面清单目录,对负面清单目录以外的企业投资项目,变审批为监管、指导和服务,服务性质的行政事业性收费予以免征,在海洋产业集聚区、金塘和六横 3 个功能区试行"零审批""零收费"。

三是做好"集"字文章。进一步破除部门利益障碍、技术障碍和能力障碍,推进职能整合和集中工作,做到"两集中、两到位",即部门行政审批服务职能向一个科室集中,部门行政审批服务科室向审批中心集中;部门行政审批项目进驻中心落实到位,部门对窗口人员的授权到位。同时,加强网上政务大厅建设,市、区、功能区实现上下审批资料网上流转,全面推行"批文入库,资料共享",切实提高了信息资源的有效利用率。

四是做好"下"字文章。市级审批服务中心的职能尽量向监管、统筹和服务转

---

① 政府投资项目审批"联审联办"即以"规范、提速"为核心,做到审批内容标准化,审批流程规范化,审批方式并联化,审批时间高效化。对政府投资类项目,要把工作重心放在事前决策和资金筹集,而不是审批环节上。

② 为民服务事项办理"就近就便"即以"高效、便捷"为核心,简化审批内容,简化审批流程,力争做到老百姓简单的证照办理事项都能当场当天办结。

变,最大限度下放审批权限,减少审批层级,使审批服务下移,让县(区)、乡镇层级中心有足够的权限空间。新区在市行政服务中心的基础上,整合建立了定海、普陀、金塘、普陀山—朱家尖4个区域分中心。并在审批机制上加以健全完善,建立健全项目审批联动代办工作机制,开展"核准目录以外的企业投资项目不再审批"改革试点,创新投资项目"预审批"制度,推行商事登记"证照联办",建立竣工项目联合测绘制度,实行个人房地产权登记事项联合办理。

(3)突出"严监严管",创新招投标体制机制。整合招投标监管职责,将发改、住建、交通运输、水利、港航等部门的招投标监管职责全部整合到市审批服务与招投标委员会(以下简称"市审招委"),由市审招委统一履行公共资源交易活动监管主体职责。建设全市统一的电子招投标系统服务平台、交易平台、监督平台,逐步实施网上备案审核、网上报名、网上投标、网上开评标、网上定标等全程信息化管理。加强评标专家和招标代理机构管理,完善评标标准和评标办法,建立并实施评标专家标后评估制度。推进招投标行业诚信建设,实行诚信状态与行业监管、市场准入、预选承包商名录的入选和清退等相挂钩。通过一系列"严"字当头的创新举措,新区切实加强了对招投标活动的监督管理,堵住了漏洞,提高了效率。

第三节　强化经济功能区建设

为集中有限资源推进部分区域重点突破、率先发展、集聚发展,产生示范效应并带动新区全域发展,实现海洋经济整体转型升级,新区设立功能定位清晰、规划布局科学、产业带动强劲、要素保障有力的经济功能区,作为新区开发建设的主战场、对外开放的主窗口、深化改革创新的主载体和促进产城融合的主平台。

(1)因地制宜布局。根据《浙江舟山群岛新区发展规划》和新区开发建设实际,目前布局设立5个经济功能区,包括浙江舟山群岛新区新城管委会、浙江舟山群岛新区普陀山—朱家尖管委会(舟山市普陀山风景名胜区管委会与其合署办公)、浙江舟山群岛新区金塘管委会、浙江舟山群岛新区六横管委会、浙江舟山群岛新区海洋产业集聚区管委会(舟山经济开发区管委会与其合署办公,另外将舟山港综合保税区管委会调整为新区管委会直属机构,与海洋产业集聚区管委会合署办公)。同时,明确今后将根据开发需要,适时设立位于港航物流核心圈的岱山、嵊泗功能区。

（2）强化职权配置。在各经济功能区建立党工委、管委会，作为新区党工委、管委会的直属机构。按照"经济管理扁平化"的要求，赋予经济功能区管委会市级经济管理权限和县级社会管理权限，把有利于推进经济功能区开发建设的职能全部下放给经济功能区管委会，实现了"责、权、利"同步到位。赋予经济功能区管委会相对独立的开发建设决策权，统一组织领导区域内的规划实施、招商引资及其他开发建设重大事宜。赋予经济功能区管委会相对独立的人事权，在授权范围内行使干部管理权限，并享有一定的用人自主权。赋予经济功能区管委会相对独立的财政权，按与事权相匹配的原则，建立健全经济功能区财政体制和运行机制。按照"社会管理精细化"要求，推进工作重心下移，加强经济功能区基层基础建设，实现了经济活动与社会管理的统筹联动发展。

（3）理顺管理体制。明确了经济功能区与新区管委会之间的关系，即新区管委会统领经济功能区财经工作，决定开发建设重大事宜，对特别重大的项目实行"一事一议"；统一组织编制、审核和发布经济功能区各项规划，并授权组织实施；统筹全市招商引资工作。经济功能区作为新区的直属机构，接受新区党工委管委会的领导与管理。明确了经济功能区与县（区）之间的关系，各经济功能区由新区党工委管委会直接管理，但在县（区）行政区划不变的情况下，为了更好地发挥县（区）的法治资源优势和社会管理职能优势，充分调动县（区）参与新区开发建设的积极性并避免恶性竞争，新区决定将不跨县（区）行政区的功能区委托所在地县（区）级党委政府管理。比如浙江舟山群岛新区金塘管委会、浙江舟山群岛新区六横管委会等。明确了经济功能区与乡镇（街道）之间的关系，经济功能区以"区政合一"为基本运行模式，根据"综合性、大部制、扁平化"的要求，综合设置内设机构，一般设立办公室（综治办）、党群工作部、经济发展局、社会发展局、综合服务局和 2~3 个下属事业单位，市和区属派驻单位与功能区相关机构合署办公，实现了与所在地乡镇（街道）党委政府的有机融合。

（4）加大扶持力度。新区按照"一区一策"的开发需求，遵循特定导向，制定特殊政策，逐步建立了涵盖区域、产业、要素配置的政策体系，形成了经济功能区"政策洼地"。一是建立完善经济功能区市场开发机制，实行"一经济功能区一开发主体"，充分发挥开发平台公司的市场主体功能和招商引资功能。二是加大财力扶持和资源整合，保证全市有限的财政资源向经济功能区倾斜。完善经济功能区财政投入稳定增长机制,积极拓展投融资渠道,逐步构建了多元化的投融资体系。建立促进经济功能区激励奖补一般转移支付制度,对经济功能区重大基础设施建设和重点产业发展予以倾斜支持。三是大力支持经济功能区大胆创新探索,先行先试,积极为经济功能区引进有良好业绩的开发管理团队和人才,优化绩效考核制度,并在用人政策、薪酬政策方面更加灵活多样。

第四节　优化部门机构设置

浙江舟山群岛新区从开发建设需求出发,充分借鉴其他新区成功经验,以"机构大部制"为改革方向,优化调整了党政部门机构设置。

(1)整合精简党政机关,构建"大部门制"。在新区管委会层面,根据功能类型和新区建设需要,将各部门分类合并,积极构建新区"大部制"机构格局。将市委办公室、市政府办公室与新设立的新区党工委管委会办公室合署办公,实行"三块牌子、一套班子"。将市委政策研究室的职责、市政府办公室的政策研究(经济研究)职责整合,组建浙江舟山群岛新区政策研究室,挂市委市政府政策研究室、市经济发展研究中心牌子。将市委办公室、市政府办公室的督查职责整合,组建浙江舟山群岛新区督查考核办公室,挂市委市政府督查考核办公室牌子,由新区办公室管理。将市口岸海防管理和打击走私办公室调整为浙江舟山群岛新区口岸与海防管理办公室,挂市口岸与海防管理办公室牌子,由新区办公室管理。将市直属机关工作委员会调整为与市委办公室合署办公。包含功能区在内,新区党工委、管委会设置工作部门2个,部门管理机构1个,直属机构6个。①(见附录1)

在中共舟山市委层面,将市委台湾工作办公室(挂市政府台湾事务办公室牌子)调整为与市政府外事与侨务办公室合署办公。不再保留市委市政府渔农村工作办公室(挂市新渔农村建设委员会办公室牌子),其职责与市农林局的职责整合。保留市纪律检查委员会机关(市监察局与其合署办公)、市委组织部(市委新经济与新社会组织工作委员会办公室挂靠市委组织部)、市委宣传部(市新闻办公

①　中共浙江省委办公厅,浙江省人民政府办公厅印发《关于创新浙江舟山群岛新区行政体制的意见》的通知(浙委办发〔2013〕57号).

室挂靠市委宣传部,市互联网信息办公室与市新闻办公室合署办公)、市委统一战线工作部(市民族宗教事务局与其合署办公)、市委政法委员会机关(市社会管理综合治理委员会办公室、市委防范和处理邪教问题领导小组办公室与其合署办公,市委防范和处理邪教问题领导小组办公室挂市政府防范和处理邪教问题办公室牌子)、市机构编制委员会办公室、市委市政府信访局。保留由市委办公室管理的市委机要局(市密码管理局)、由市委组织部管理的市委老干部局。机构改革后,市委工作部门从11个减至8个,精简27.3%(见附录2)。

在舟山市人民政府层面,进行了一些机构的合并,比如将市物价局并入市发改委,同时市发改委与市统计局合署办公;市国资委并入市财政局;市住建局与市规划局合署办公;市粮食局并入市商务局。特别突出了"大部门制"机构设置,比如将市农林局与市渔农办合并,组建市农林与渔农村委员会,形成了"大农业"部门机构;将有关涉海管理部门的相关海洋行政执法职责整合,组建市海洋行政执法局,与市海洋与渔业局合署办公,形成了"大海洋"部门机构;将市体育局与市文化广电新闻出版局合署办公,形成了"大文化"部门机构;将市卫生局与市计生委合并,组建市卫生计生局,形成了"大卫生"部门机构;将市工商局、市质监局由省以下垂直管理调整为地方分级管理,并将市工商局、市质监局、市药监局三局合并,组建市市场监督管理局,形成了"大市场"部门机构;探索开展综合行政执法工作,组建市综合行政执法局,形成了"大执法"部门机构。机构改革后,市政府工作部门从34个减至25个,精简26.5%(见附录3)。

在县(区)层面,除了参照市级层面做法之外,还进一步将文体广电与宣传、海洋渔业与农林水利、综合行政执法与环保等部门进行整合。机构改革后,定海、普陀两区党委工作部门从10个减至6个、政府工作部门从23个减至17个,各精简40%、26.1%(见附录4、附录5);岱山、嵊泗两县党委工作部门从10个减至6个、政府工作部门从25个减至19个,各精简40%、24%。

在外部整合的同时,新区尤其注重内设机构的规范设置,将职能相近或相似、任务较少和工作量不大的整合设置为综合处室,将职能交叉、重复设置的内设机构进行撤并,着力改变党政机构内部分工过细的状况。原则上要求内设机构数按3人以上设1个处室,现有内设机构超过8个(含8个)的,原则上按15%的比例精简。注重加强业务处室建设,减少为机关自身服务机构。对于合并合署单位,则通过整合内设机构加快职能和业务融合,同时通过人员重新分配处室促进人员融合,尽快形成有机整体。此外,还严格做到合署办公的机构人、财、物统一管理,只设一个党委(党组)和一名正职领导。据不完全统计,改革后市本级68家副县处级以上单位(不包括经济功能区、群团、公检法)减少内设机构87个、15.18%,县(处)级领导职数减少45个、14%,科级领导职数减少103个、10.65%。

(2)深化事业单位改革,推动"去行政化"。对承担行政职能的事业单位,逐步将其行政职能划归行政机构或转为行政机构,不再新设行使行政职能的事业机构。推动公办事业单位与主管部门理顺关系和去行政化。同时,对部分承担公益职能的事业单位,按照"以事定费""以费养事"的原则,实行合理核定编制和向社会购买服务相结合的办法,并试行财政保基本与市场化运作相结合、收益与绩效相挂钩的管理模式,赋予事业单位更多的发展活力。加快推进中介服务事业单位与主管部门脱钩和生产经营类事业单位转为企业或社会组织。建立健全中介机构监管制度,规范准入竞争和管理,强化行业自律。浙江舟山群岛新区(舟山市)事业机构设置与调整主要包括:设立浙江舟山群岛新区发展研究院,为相当于正县(处)级事业单位,由浙江舟山群岛新区党工委管委会办公室(以下简称"新区办公室")管理。将原由市旅游委员会管理的浙江海洋旅游研究院职责整合到浙江舟山群岛新区发展研究院,并在浙江舟山群岛新区发展研究院挂浙江海洋旅游研究院牌子。设立舟山市大桥建设管理局,为相当于正县(处)级事业单位,由舟山市交通运输局管理。将六横跨海大桥建设指挥部、舟山市大陆连岛工程指挥部职责整合到舟山市大桥建设管理局。舟山跨海大桥管理局与舟山市大桥建设管理局合署办公。设立中国(舟山)海洋科学城建设管理局,为相当于正县(处)级事业单位,挂中国海洋科技创新引智园区管理中心、中国海洋科技国际创新园、市科技创意研发园区管理中心牌子,由舟山市新城管理委员会管理。设立浙江舟山群岛新区招商中心,为舟山市发展和改革委员会管理的相当于副县(处)级事业单位,主要承担原由舟山市经济合作与投资促进局承担的经济合作交流和招商引资组织、服务等职责。将舟山市史志办公室调整为与市档案局合署办公,由舟山市委办公室管理。将舟山海洋综合开发试验区建设工作办公室的职责整合到舟山市发展和改革委员会。不再保留舟山海洋综合开发试验区建设工作办公室。将舟山市政府驻宁波办事处的职责整合到舟山市对接宁波工作办公室。不再保留舟山市政府驻宁波办事处。将舟山市船舶修造管理服务局的职责整合到舟山市经济和信息化委员会。保留舟山市船舶修造管理服务局牌子。将舟山市金融工作办公室(市企业上市工作办公室)由舟山市发展和改革委员会管理调整为由舟山市政府办公室管理。将舟山市委市政府接待办公室由市政府直属的相当于正县(处)级事业单位调整为相当于副县(处)级事业单位,由新区办公室管理。将舟山市小干岛商务区开发建设指挥部由市政府直属的相当于正县(处)级事业单位调整为相当于副县(处)级事业单位,由舟山市住房和城乡建设局管理。将舟山教育学院由相当于正县(处)级事业单位调整为相当于副县(处)级事业单位,由舟山市教育局管理。将舟山广播电视大学(舟山蓉浦学院)由相当于正县(处)级事业单位调整为相当于副县(处)级事业单位,由舟山市教育局管理。将舟山市社会保障事业管理局由相当于正县(处)级事业单位调整为相当于副县(处)级事业单位,由舟山市人力资源和社会保障局管理。将中国(舟山)大宗商品交易中心管理委员会更名为中国(舟山)大宗商品交易中心,为市政府直属的相当于正县(处)级事业单位。将舟山市政府驻北京联络处更名为浙江舟山群岛新区管理委员会驻北京联络处,挂招商引资服务中心牌子,由舟山市政府办公室管理。将舟山市政府驻上海联络处更名为浙江舟山群岛新区管理委员会驻上海联络处,挂招商引资服务中心牌子,由舟山市政府办公室管理。将舟山市政府驻杭州办事处更名为浙江舟山群岛新区管理委员会驻杭州联络处,挂招商引资服务中心牌子,由舟山市政府办公室管理。将舟山市信息中心更名为舟山市信息技术中心。

(3)加强机构编制管理,减少"冗员现象"。从严从紧控制编制使用,规定满编单位先出后进,超编单位只出不进。坚持适度空编,空编相对较多的机关事业单位实行计划用编,梯次增补工作人员,编制使用数要求原则上不超过当年余编数的30%。积极消化超编人员,以市、县(区)为单位,党政群机关事业总体超编的,每年编制使用总量应控制在当年自然减员空出编制2/3以内。新招录机关事业单位人员数量进行适度控制。优先保障机关事业单位急需岗位和高层次的用编需求,同时结合简政放权、重心下移,积极推进编制和人员力量向基层一线倾斜。实行系统内编制总量控制和余缺调剂制度,事业编制管理实行系统内控总编原则,对系统内事业编制总数已满的情况下,要求原则上该系统有空编的事业单位也不能用编;在系统事业编制总数不超的情况下,系统内满编超编事业单位因引进紧缺人才、改善人员结构等需要使用编制的,可采取编制系统内部调剂解决的办法。编制余缺调剂原则上应首先在系统内有空编的、相同性质的事业单位之间进行调剂。满编超编事业单位需要编制余缺调剂的,由其主管部门向编办提出申请,编办根据单位履职需要、现有人员编制配置等情况,按规定程序办理。实行周转编制使用制度,在市本级同类别的行政事业编制总额内,由机构编制部门核定的在机关事业单位内周转使用的编制。满编或超编的行政机关、事业单位因引进紧缺人才、改善人员结构等需要编制周转的,在系统内无法实现编制余缺调剂或调剂不足的情况下,用编单位需向编办提出周转编制使用申请。单位使用周转编制后,工作人员出现自然减员或调离时,收回周转编制,减一收一。经批准使用周转编制的,要求原则上应在一年内补充工作人员,无特殊原因,逾期未进人的,收回所核定的周转编制。实行人员跨部门调剂制度,积极稳妥、科学有序消化超编人员,市属事业单位使用编制或系统内编制余缺调剂补充人员的(除引进紧缺专业人员外),要求优先在系统内部、在市本级相同性质单位进行调剂。新设立单位使用空编进人的,要求原则上要有不少于 1/3 的人员从市本级单位进行选调。探索搭建人才栖息平台,充分发挥机构编制在人才资源配置中的调控和导向作用,创新集聚人才的体制机制和服务模式,探索搭建人才栖息平台,采用标准化选拔、多向性流动、双聘制管理、用才方买单的方式,鼓励和吸引各类优秀人才以体制内身份到体制外创业创新。

第五节　优化乡镇(街道)行政区划

舟山建市以来,乡镇(街道)行政区划已经进行了多次调整。但是随着经济社会的发展和城市化进程的加快,现行乡镇(街道)行政区划不适应新区发展需要的情况仍然存在,主要表现为乡镇数量过多且规模偏小,基础设施建设低小散,没有规模和共享效应,辐射服务功能不强,制约了城乡发展一体化进程。同时,乡镇的机构设置多、人员编制多、基础设施重复建设、运行效益差,这都给财政带来了很大压力。因此,这次新区行政体制改革把优化乡镇(街道)行政区划作为重要内容,目的是精简机构、提高效能,进一步促进资源合理配置、推进新区城乡发展一体化。

(1)立足"因地制宜",稳妥推进区划调整。舟山这次优化乡镇(街道)行政区划,严格按照因地制宜原则进行,在重新归并划分乡镇街道时,综合考虑了地域特点、历史沿革、城镇规划、产业布局、交通、水系、人文和传统习俗等因素,充分顾及当地群众的认同感和归属感,同时十分注意主体合法和程序到位,工作方案和实施过程具有合法性、合理性、可行性的基本特点。在考虑多方因素的基础上,新区决定撤销定海区长白乡、小沙镇,合并设立小沙街道办事处;撤销定海区册子乡、岑港镇,合并设立岑港街道办事处;撤销定海区北蝉乡、白泉镇,合并成立新的白泉镇;撤销定海区马岙镇,设立马岙街道办事处;撤销定海区双桥镇,设立双桥街道办事处;撤销定海区解放街道,将解放街道区域分别划归环南街道和昌国街道管理;将定海区城东街道的大西岙村、城北村、东湾村、鸭蛋岭村、义桥村划归昌国街道管理;将定海区城东街道的三官堂村、黄土岭村、甬东村、甬庆村、甬金社区居委会划入临城街道管理。撤销普陀区白沙乡、朱家尖街道,合并成立新的朱家尖街道;撤销普陀区登步乡、蚂蚁岛乡、沈家门街道,合并成立新的沈家门街道;撤销普陀区勾山街道和东港街道,合并成立新的东港街道(见附录6、附录7)。

(2)立足"有利发展",优化精简乡镇街道。这次乡镇街道区划调整,围绕有利于资源整合、有利于功能区设置、有利于强化基层基础的方向进行,最终目的是加快舟山本岛城乡一体化、推进全域城乡统筹发展。先期调整的乡镇(街道)全部位于市辖区,即定海区、普陀区的乡镇(街道)。而岱山县、嵊泗县则根据现有区划政策,新区要求其根据各自实际谋划乡镇区划调整事宜。通过调整,全市基本形成了大岛建设政治经济中心,中岛以岛建乡,小岛依托大岛,实现优势互补、资源共享的乡镇(街道)行政区划新格局。经调整,定海区乡镇(街道)从16个减至12个,普陀区乡镇(街道)从13个减至9个,各精简了25.0%和30.8%。

(3)立足"职权明晰",理顺基层权责关系。在区划调整的基础上,舟山坚持统筹协调、分类指导,积极引导各乡镇(街道)探索科学、灵活、有效的发展模式,明确乡镇(街道)与经济功能区工作重点和事权关系,理顺乡镇(街道)与村(居)、社区等自治组织关系,推动乡镇(街道)与经济功能区、经济发展与社会建设、三次产业之间协调发展。同时,进一步完善乡镇行政管理体制,提出乡镇机构设置、派驻机构条块管理关系、人员编制管理的指导性意见。围绕推进新型城市化和城乡发展一体化,深化小城市培育试点镇、中心镇行政体制改革。结合权力清单工作,深入推进乡镇扩权改革,扩大其经济社会管理权限,提高基层加快发展的能力和水平。

第六节　优化基层社会管理和公共服务

新区在加快开发建设的同时,实行经济发展和社会管理"两手抓""两手硬",

按照"精细化"要求,创新基层社会管理,完善公共服务,推进和谐社会建设,推动人力、物力、财力和服务资源向基层集聚,基层社会管理和公共服务水平进一步提升。

(1)完善新型渔农村社区治理体制机制。制定出台《中共舟山市委关于全面加强基层党组织和基层政权建设的若干意见》,着力构建核心引领更加突出、职能定位更加清晰、基层政权更加巩固、治理体系更加健全、公共服务更加优化、基础保障更加有力的基层党组织和基层政权运行体系。在此基础上,采取有效措施逐步完善渔农村社区治理体制机制。一是大力为基层减负减压,建立健全社区(村)机构牌子多、考核评比多、达标创建多的"三多"现象清理长效机制,切实防止反弹。二是明确将渔农村社区作为渔农村社会管理服务的基本单元,在党和政府领导下,在行政村范围内,依靠全体居民,整合各类资源,强化自治和服务功能。三是贯彻落实中央《关于深入推进农村社区建设试点工作的指导意见》精神,在不改变村民自治机制、不增加渔农村基层管理层级、严禁以"管委会"等机构取代村党组织和村民委员会的要求下,按照"尊重历史、适应发展、保持稳定、半径合理"的原则,坚持深入推进渔农村社区建设不动摇,坚持渔农村社区党组织领导核心地位不动摇,坚持"一社区一村"设置方向不动摇,不再保留社区管理委员会,明确在积极推进渔农村集体资产股份制改革的同时,科学合理地有序调整渔农村社区布局。四是坚持以渔农村社区(村)党组织为核心、村民自治和村务监督组织为基础、集体经济组织和渔农民合作组织为纽带、各种经济社会服务组织为补充,不断完善渔农村社区(村)组织体系,使各类组织各有其位、各司其职,充分发挥在渔农村基层治理中的积极作用。

(2)打造"网格化管理、组团式服务"升级版。作为"网格化管理、组团式服务"工作发源地,在现有良好的工作基础上,通过优化体系设置、细分服务内容、规范工作机制、整合优势资源,推动网格设置更科学、网格服务更精细、网格功能更多元,并围绕进一步深化完善"点对点、面对面、手拉手、心贴心、实打实"的联系和服务群众体系,充分发挥"网格化管理、组团式服务"在巩固基层政权,创新基层社会治理中的独特作用。科学设置网格划分,根据尊重传统、着眼发展、便于管理的原则,针对原先网格管理中存在的区域过大过小、人员力量不够、工作不规范、不平衡等因素,不断对全市基础网格进行优化调整。强化服务团队力量,突出党组织作用发挥,在"1网格+1党小组(党员活动小组)+1服务团队"模式基础上,配强网格格长、专兼职网格信息员等,尤其注重突出党组织核心地位,促使党小组长、网格党员深入一线开展工作,组织在职党员到社区报到,运用自身职业特点、个人能力和特长为群众服务,把先锋模范作用体现在网格中、凸显在服务上。全面推行"三民"工作法,严格要求网格队员按照普遍性一年 2 次,重点户一年不少于 4 次,特别关注户保持经常的标准进行走访,面对面开展民情恳谈,听取群众的所思所求,并根据民情走访、民情恳谈中征求到的合理诉求,制订民情工单,实打实为群众解决问题。实行"三事分流",对群众反映的合理诉求,根据行政服务、社会服务、自我服务的不同属性,按照"谁主管谁负责"和"属地化管理、零距离服务"的要求,进行分级分类交办处置。健全组织领导体系,明确服务层级,建立群众诉求自下而上的收集办理机制和自上而下的交办督办机制,形成纵向到底、横向到边的市、县(区)、乡镇(街道)、社区(村)、网格五层联动服务体系。推进信息化建设,根据省委政法委要求,全面推进舟山网格化管理组团式服务系统和省平安建设信息系统的整合,全面规范信息采集、分析研判、流转处置、跟踪反馈等环节模块设置,合理配置网格专兼职信息员。引导群众自治,对于有一定规模或比较成熟的社会自组织,指导其建立组织框架,逐步参与网格管理服务工作;吸纳网格内具有地缘优势、人缘优势的优秀群众骨干参与网格管理服务工作,逐步树立基层群众的自治意识,实现基层群众自我素质的全面提升,进一步扩大基层民主的覆盖面。

(3)建立健全渔农村公共服务体系。以基本公共服务均等化为突破口,制定了科学合理的总体规划,明确供给范围和标准,完善公共财政体制,建立考核评估体系,逐步建立健全了符合实际、比较完整、覆盖城乡、可持续的渔农村公共服务体系,有效保障了渔农民在教育、就业、社会保障、医疗卫生、文化体育等基本民生需求领域享受均等的公共服务。同时,加强综合协调,统筹布局和推进交通、水利、能源、通信、防灾减灾等重大基础设施建设,在公共安全、消费安全、环境保护等领域满足渔农民合理的公共服务需求,为城乡居民生存和发展创造了整洁、便捷、舒适的环境。具体来讲,一是加快推进社保制度改革和创新,完善城镇和渔农村居民统一的养老保险制度。制定出台原集体捕捞渔民生活补贴政策,明确符合条件的渔民在享受城乡居民基本养老保险金的基础上,按原集体捕捞年限发放生活补贴,捕捞年限每满一年,发放生活补贴每月 10 元。建立统一的城乡居民基本医疗保险制度,并实施市级统筹。实施被征地农民参加职工养老保险制度,建立被征地农民养老保障和城乡居民基本养老保险制度间的衔接通道,全市符合转轨条件的对象共有 14.7 万人。开展城乡居民大病保险工作,统一标准以政府购买服务形式向大医院购买大病保险经办服务,有效提高重特大疾病保障水平。其中,舟山市内普通门诊报销比例为 20%,乡镇卫生院、社区卫生服务中心(站)等普通门诊报销比例提高到 35%。二是健全完善基层医疗卫生服务体系。截至 2014 年年底,全市共有社区卫生服务中心(乡镇卫生院)36 家,社区卫生服务站 143 家、村卫生室 125 家,标准化建设率达到 100%,规范化建设率达到 90% 以上。全市一体化管理的社区卫生服务站(村卫生室)共 266 家,管理率达到 99.25%。结合舟山市海岛特点,对居住人口在 1000 人以下、当地无医疗机构的悬水小岛或"20 分钟卫生服务圈"以外的偏远渔农村居民,由辖区基层医疗卫生机构提供"四加一"卫生服务。即落实一名保健员、配备一个免费药箱、开通一条 24 小时健康咨询热线、开展定期巡回医疗服务、配备一名社区责任医生提供日常社区卫生服务。三是推进覆盖城乡的公共文化体育服务网络建设。截至 2014 年年底,全市形成了由 1 个市海洋文化艺术中心、3 个县(区)海洋文化中心(新建)、5 个大型艺术表演场所(剧院)(新建)、9 个县(区)级文化场馆、35 个乡镇综合文化站、351 个社区文化室、100 个农村文化礼堂组成的四级公共文化设施网络。全市社区、渔农村建成全民健身路径 1747 条,室外篮球场 315 片,室内外乒乓球台 790 台,门球场 72 片,各级各类健身活动点 970 个,有效地改善了广大群众身边的健身环境。四是进一步均衡城乡教育资源,加大标准化学校建设力度,全面落实《浙江省教育现代化县认定条件》,开展教育现代化县区创评工作,加强全市中小学校标准化建设,全市共有 67 所学校通过义务教育标准化学校评定,标准化率达到 77.01%。五是全面实现邮、电、水、路一体化。截至 2014 年年底,全市共建村邮站 305 个,基本覆盖全市所有渔农村。实施电网建设改造,着力解决部分海岛地区供电不稳定问题,基本达到全市"镇镇电气化、村村电气化"的目标。投入资金 3.2 亿元,改善 22.18 万渔农民饮水条件。加强了本岛朱家尖、岑港、小沙、干览、白泉、展茅等中心乡镇的城乡公交班线密度,延长了部分城乡公交班线运营时间,乡镇通班车率达 100%,建制村通班车率达 98%,其中本岛公交通村率已达 100%,而且,在本岛城乡所有公交线路上全面实行了老年人乘车优惠政策、双向一小时免费换乘政策和一票制无人售票。

第六章　浙江舟山群岛新区行政体制改革的创新特色[①]

相比于上海浦东新区、天津滨海新区和重庆两江新区,浙江舟山群岛新区作为全国首个以海洋经济发展为主题的全域型、省辖型、群岛型、后发型的"四型"新区,其行政体制创新特色主要表现在"省辖型"新区领导管理体制、"群岛型"新区经济功能区职能定位、"后发型"新区部门机构设置和"全域型"新区选人用人机制等四个方面。[②]

第一节　"省辖型"新区领导管理体制创新

作为全国第一个国家级层面的"省辖型"新区,浙江舟山群岛新区辖内本身存在着完整的"市—县(区)—乡镇(街道)"三级管理架构。为此,创新新区行政体制,首要的就是要理顺新区管委会和省辖市之间的关系。

新区行政体制创新之始,浙江省委、省政府就切实加强对新区开发建设管理工作的领导,建立健全统筹协调的行政推进机制,设立了浙江舟山群岛新区工作领导小组,作为省委、省政府高层次的议事协调机构,负责加强对新区工作的领导,加快推进新区规划建设各项工作。领导小组由省政府主要领导任组长,省政府领导和舟山市委主要领导任副组长,省级29个部门主要领导为成员,领导小组办公室设在省发改委。随后,参照上海浦东新区、天津滨海新区开发建设初期以及重庆两江

---

①　本章综合参考《浙江舟山群岛新区行政体制创新工作总结报告》(浙舟新党〔2013〕3号)、浙江省委省政府领导重点调研课题成果《创新新区行政管理体制的思路对策研究》、舟山市编委办提供的材料《浙江舟山群岛新区市场监督管理体制改革工作情况汇报》和《舟山市综合行政执法工作相关情况介绍》。

②　孙建军,丁友良,王一珵.浙江舟山群岛新区行政体制改革探索实践、创新特色和未来展望[J].浙江海洋学院学报(人文科学版),2015(2).

新区目前的做法,省里推动设立浙江舟山群岛新区党工委、管委会,作为省委、省政府派出机构,由省委、省政府授权负责新区开发建设管理工作。其主要职责是贯彻落实省委、省政府关于舟山群岛新区开发建设的重大决策和工作部署;研究拟定组织实施新区开发建设的有关规划和政策;组织推进新区改革发展和体制机制创新;负责对新区建设和发展中的有关问题进行调查研究;及时向省委、省政府提出加快推进新区开发开放的政策建议。

鉴于新区的规划范围与舟山市行政区划一致,为有利于强化新区统筹领导职能,协调推进各项工作,新区党工委、管委会分别与舟山市委、市政府合署办公,实行"一套班子、两块牌子",从而形成"省辖型"新区特色。这样,一方面有利于强化新区党工委管委会的统筹协调职能,便于集中财力办大事,避免"摊大饼";便于权力集中,责任明确,决策和行动迅速,加快开发速度,避免相互扯皮、效率低下;便于统一规划,避免重复建设,造成要素资源浪费,从而在新区开发建设初期充分发挥管委会体制高效性的特点。另一方面又保留了省辖市现行体制,能够确保重大决策、执行和监督相互分离,体现新区建设的科学性。

第二节　"群岛型"新区经济功能区职能定位创新

作为全国唯一依托岛群设置经济功能区的"群岛型"新区,舟山群岛新区结合群岛区域离岛、分散、相对独立的特征,坚持以"区政合一"为基本模式,创新性地赋予功能区经济发展和社会管理"两全职能"。这样有利于协调好三个方面的关系。

一、有利于协调好功能区经济发展和社会建设的关系

经济发展与社会建设辩证统一,相互促进,相互依存。在经济发展的同时推动社会发展,从而减少社会矛盾,增进社会和谐,也可以更好地推动经济发展,为更快发展提供有力的生产要素。舟山群岛新区既是经济发展的新区,也是社会管理的新区。显然,在充分凸显经济功能区开发主体地位的前提下,赋予功能区"两全职能"将有利于避免经济发展和社会管理、公共服务两头不平衡,推进功能区块的全面发展。这是因为,一方面,功能区的经济建设职能更加突出,不仅增加了人员编

制、扩大了事权财权,更强化了在集聚要素、配置资源、基础建设、招商引资、项目落地等方面的统筹协调和自主决策,有效激发了功能区的发展活力。另一方面,在明确社会发展事务由功能区所在乡镇政府负责、所在县(区)政府统筹的基础上,通过合理分工、协调推进,有利于在经济加快发展的同时带动区域的社会事业同步发展,城镇建设与管理水平、公共治理与服务能力同步提高。

二、有利于协调好功能区与行政区的关系

从其他新区的实践来看,辖内大多数功能区,比如浦东新区张江高科技园区、两江新区工业开发区等,仅被赋予经济发展职能,社会管理职能则归属于所辖地乡镇(街道),这容易导致区块发展过程中功能区与行政区相互推诿的"两张皮"现象。目前,舟山市下辖两区两县,分别是定海区、普陀区、岱山县、嵊泗县。行政体制改革后,全市共有 35 个乡镇(街道),其中乡 5 个,镇 17 个,街道 13 个。舟山群岛新区按照"经济发展扁平化、社会管理精细化"的要求赋予经济功能区"两全职能",同时,明确经济功能区在人权、事权和财权方面的自主独立,这将有利于突出其区块治理主体地位,从而破解功能区与所在地县(区)、辖内乡镇(街道)等行政区的关系不协调这一难题。

在处理功能区与县(区)的关系上,这次行政体制改革主要分为两种模式:一是"市属区管"模式。单一建制区辖内的功能区实行"市属区管"体制,比如浙江舟山群岛新区金塘管委会、浙江舟山群岛新区六横管委会等;二是"新区直管"模式。跨建制区组建的功能区以及新区管委会认为有必要的则采取"新区直管"模式,比如浙江舟山群岛新区海洋产业集聚区管委会、浙江舟山群岛新区新城管委会、浙江舟山群岛新区普陀山—朱家尖管委会等。这样两种模式,一方面可以保证新区党工委管委会对各功能区的管理权限;另一方面,在县(区)行政区划不变的情况下,也可以更好地发挥县(区)的法治资源优势和社会管理职能优势,充分调动县(区)参与新区开发建设的积极性,并避免恶性竞争。

在理顺功能区与乡镇(街道)的关系上,由于乡镇(街道)是基层社会管理的组织基础,因此,经济功能区以"区政合一"为基本运行模式,根据"综合性、大部制、扁平化"的要求,综合设置内设机构,实现与所在地乡镇(街道)党委政府的有机融合,统筹经济发展和社会管理服务。

三、有利于协调好管理幅度与管理层级的关系

管理幅度指一个组织或个人直接管理的机构或下属人员的数目,又称控制幅度。管理层级指组织纵向划分的管理层级的数目。在被管理对象数量确定的条件下,两者成反比关系;管理幅度越宽,需要设置的管理层次就越少;反之,管理幅度越窄,需要设置的管理层次就越多。管理层级受到组织规模和管理幅度的影响。它与组织规模成正比:组织规模越大,包括的成员越多,则层次越多;在组织规模已定的条件下,它与管理幅度成反比:主管直接控制的下属越多,管理层次越少,相反,管理幅度减小,则管理层次增加。[①]

在县(区)建制不变的情况下,在新区这么大的空间范围内实施有效治理,充分发挥功能区管委会这一体制的积极作用,将利于克服管理幅度与管理层级之间的矛盾。这是因为:一方面,通过在行政管理末端撤并或整合乡镇(街道),如设置浙江舟山群岛新区海洋产业集聚区管委会时,将辖内的北蝉乡撤销,有利于扩大管理幅度,促进辖内资源整合,实现统一规划和联动开发建设;另一方面,由于经济功能区是新区管委会的派出机构,突出功能区作为新区管委会的直接开发主体地位,将有利于减少管理层级,直接对辖内区域公众的诉求进行精细化管理、快速反应。

第三节 "后发型"新区部门机构设置创新

作为全国第一个以海洋经济为主题的"后发型"新区,舟山群岛新区充分借鉴其他新区有益经验,在优化整合部门机构设置过程中,始终遵循依据职能需要设置部门机构这一基本原则,同时又突出区域特色,逐步将部门职能由以事权为中心转向以功能为中心,初步形成职能配置科学合理、机构设置综合精干、权责明确清晰的党政组织架构。

一、突出"职能模块"分类

在借鉴其他新区和功能区的经验基础上,舟山群岛新区坚持现代行政管理理

---

① 参考百度百科提供的有关"管理幅度"的定义。http://baike. baidu. com/link? url = Us-liNZ4irKMDYIy_DcvMOGqv4umOGDwk9rna5X8Ac9A − RYbFrRR − Joq5BtCvp74cI_lksz3_KPP5pf25LUrx8K

念,按照建设勤政、务实、高效、廉洁政府的要求,着力突破传统的按行业、按条线对应设置部门机构的模式,理顺职责关系,强化部门责任,稳步推进大部门制改革,将政府职能划分为综合统筹、经济服务、社会建设、城建管理、社会保障等职能模块,并按职能模块整合机构设置,推进大部门综合管理,初步形成了"大文化""大农业""大卫生""大市场"等大部门机构,较好地避免或减少了职责交叉、职责不明或职责割立问题。

以"大市场"监管体制改革为例,在实施市场监管体制改革前,工商行政管理、质量技术监督及食品药品监管部门在工作职能和实际运作中,存在着许多重叠、交叉和边缘地带。如在食品安全监管领域,三部门对熟食卤味现场制售、流动摊贩家庭加工点、餐饮食品零售、海水产品初级加工等食品生产加工活动的监管职责各执一词,这些领域的监管往往依靠临时性"联合整顿",缺乏长效性;一些兼营食品、药品、保健食品和医疗器械的综合性经营户,往往要面临三家部门的重复交叉检查;在产(商)品质量监管领域,工商监管流通领域,质监监管生产领域,由于思路和考虑角度不一,同样性质的案件,不时出现流通领域重罚,生产领域告诫了事的情况;在举报投诉环节,原三局实际运行有 12315、12365、96311、96317 四条热线,这些投诉热线运行时间不一、响应速度各异、处置方法不同,群众很难区分其中的职能差异,有时会出现多头投诉或一件投诉在不同热线间往返的情况。与此同时,随着经济社会的发展,人民群众对食品药品安全的关注与需求越来越高,而与之相关的基层监管力量却比较薄弱,相关监管资源的整合与统筹显得尤为重要。

为此,浙江舟山群岛新区贯彻党的十八大"稳步推进大部门制改革,健全部门职责体系"、"改革和完善食品药品安全监管体制机制"的要求,在浙江省委省政府的高度重视和大力支持下,先行先试,率先将舟山市工商行政管理局、舟山市质量技术监督局由省以下垂直管理调整为地方分级管理。将舟山市工商行政管理局、舟山市质量技术监督局、舟山市食品药品监督管理局的职责整合,组建舟山市市场监督管理局,同时承担舟山市食品安全委员会的具体工作,挂舟山市工商行政管理局、舟山市质量技术监督局、舟山市食品药品监督管理局、舟山市食品安全委员会办公室牌子。在两县设局,在两区及经济功能区则设立分局,负责辖内的市场监督管理工作。截至 2014 年 6 月底,改革主体工作基本完成,市、县(区)、基层所三级市场监管机构、职能、人员落实到位,内部职能事权基本理顺,各项工作有序开展,一个基本符合新区发展需要的市场监管体制初步形成,改革的正效应不断显现。

（1）立足新区实际，合理配置资源。在"三定"设置与落实上，舟山市市场监管局重点实现"三化目标"。一是处室设置综合化。打破原三局业务分割，按照"重复机构合并、交叉职能归并、相近业务兼并"的原则，统筹设定处室：设立许可服务处统一承担原三局所有行政许可审批职能，原工商食品流通监管处与原质监食品生产监管处统合为食品生产流通监管处，原工商、质监产商品质量监管统一并入产（商）品质量监管处，原工商、质监、药监的企业信用、质量信用、药械信用工作整合为质量信用处，原三局举报投诉热线改为消费者权益保护处一体管理，原三局经济检查、稽查支队统一为市局稽查支队，市局内设处室从原三部门共 28 个处室整减为 22 个，减少 21.4%。二是管理层级扁平化。根据新区总体规划及经济功能区建设的总体布局，在全市 6 个重点功能区域设置了市场监管分局，无须再通过县（区）局"中转"，减少了行政层级和环节。改革后，全市共设置 10 个基层市场监管局、23个市场监管所，其中，岱山县、嵊泗县市场监管局为县政府组成部门，定海区、普陀区和新城、普陀山、金塘、六横、海集区、洋山等区域根据舟山本岛一体化发展战略，为市局派出机构。三是力量配置基层化。在机构改革的人员编制排定中，减少市级机构编制数，增加基层派出机构编制，充实基层一线执法力量，基层编制占市场监管系统总编制的 72%。同时，以政府购买服务方式，拟在每个基层所聘用 4 个协管员，主要承担食品安全监管工作；在村（社区），依托网格化队伍，建立健全信息员队伍，做好市场监管信息搜集和反馈工作。在行政机构改革同时，原工商、质检、药监事业机构改革也随之展开，保留舟山市消费者权益保护委员会、舟山市个体劳动者协会，整合浙江省工商干休所、舟山市工商经济事务所与舟山市工商行政管理干部培训中心，撤销舟山市工商局机关后勤服务中心，设立舟山市市场监督管理局综合监管服务中心，事业单位机构数由 28 个缩减为 15 个，减少 46.4%，事业编制数由 169 名精简为 127 名，减少 24.8%。

（2）强化府院沟通，消除法制障碍。通过由舟山市政府分管领导和法院、法制办、市场监管局、编委办等部门参与的府院联席会议，在新机构执法工作上达成了"三个共识"。一是以《地方各级人民代表大会和地方各级人民政府组织法》第六十四条及《地方各级人民政府机构设置和编制管理条例》第七条规定为基础，就新机构统一以市场监督管理局名义对外行政达成共识。二是以《国务院办公厅关于大中城市工商行政管理分局执法权限问题的复函》（国办函〔1995〕59 号）为依据，就县（区）市场监管局统一行使县级工商行政管理、质量技术监督及食品药品监管职能达成共识。三是以《工商所条例》依据,就基层市场监管所的执法权限达成共识。与此同时,还就舟山范围内市、县(区)及功能区市场监管局(分局)的行政复议与行政诉讼确定了明确的受理单位。这些共识以府院联席会议纪要形式下发,为市场监管局顺利开展执法工作,保障相对人法律救济权利提供了法制层面的保障。自2014年3月1日起,全市市场监管机构正式以自身名义对外执法,不再以原工商、质监、食药监局名义开展行政工作。

(3)化解主要矛盾,实现优势互补。合并之前,工商部门以完善的监管网络和优良的人力资源见长,质监部门以完备的技术支撑体系见长,食品药品监管部门以专业的药械监管见长。本次机构改革在强化食品安全监管等核心职能履职方面,努力实现"三个互补"。一是食品安全监管力量的互补。原工商部门遍布城乡的基层所站和相对充足一线执法队伍,有效弥补了质监、药监基层监管力量不足的"短板",基层食品药品监管力量大为强化。二是技术力量和设备资源的互补。新机构可充分利用原质监、食品药品监管部门的专业技术机构和专业检测技术优势,合理衔接快速定性检测与法定定量检测手段,实现行政监管力量与专业技术支撑的有机结合。三是监管领域的互补。机构合并后,原三局在食品安全监管履职中存在的边缘、空白领域因"推无可推"而自然消失,原来需要多部门的"外部协调"变为一个部门的"内部协同",十余年来外部协调会上争论不休的监管责任,在一次内部会议上全部得以明确和落实。本次市场监管体制改革,在食品安全、产品质量安全等核心领域基本实现了"1+1+1>3"的目标。

(4)重组核心职能,全面提升效能。在职能整合方面重点做好"四个提升"。一是再造许可流程,提升审批服务效能。市场监管局成立后,办证中心的工商、质监、食品药品登记窗口实现"三合一",群众办证办照由以往的"多头跑"变成了"跑一头"。推进许可服务事项"多合一",通过事项整合和流程再造,不断推出"打包服务""联动许可"项目,许多有前后关联的审批项目,可实现一个窗口对外、一次性提交材料、一次性领证照。一个窗口同时办理名称预先登记、生产许可证核发、营业执照登记、企业行业代码证书核发、公章刻制、生产食品品种取证及税务登记等手续。在方便群众办证办照、降低创业成本方面,实现了"1+1+1<3"的目标。2014年上半年,全市市场监管局办证窗口受理完成证照联办项目973件。二是统合举报热线,提升申诉投诉处置效能。原分属工商、质监、药监和卫生的12315、12365、96311、96317热线,通过呼叫转移方式,统一整合成为"12315"消费者举报

投诉平台,只要是涉及原三局职能范围的投诉举报,不论拨打任何一个热线电话,都能得到统一的受理和处置,多头投诉、无处申诉情况基本消失。2014年1月至6月,舟山市市场监管局累计接获各类咨询、举报投诉6668起,已依法处置6402起,办结率为99%。三是重组执法队伍,提升监管办案效能。原分属质监、工商两个部门的产(商)品质量监管,整合成为贯穿生产、流通、消费三大环节的统一监管力量,初步实现执法队伍设置上"1+1+1=1"的目标。整体执法监管由过去由单个部门的"重点抓、单线抓、突击抓"的工作方式,正逐步向"全面抓、系统抓、长效抓"方向积极转变。执法效能提升的同时,还有效降低了企业负担,以常见的大型超市为例,以往要面对工商(食品、普通商品)、质监(3C认证)、食药监(医疗器械、保健食品)、农林(食用农产品)、卫生(化妆品)等多个部门的交叉检查,市场监管体制改革后,可实现一次检查,多个项目一并完成。截至2014年6月底,全市累计查办各类工商行政管理、食品药品及质量技术监督案件473起,其中大要案件173起。四是整合检测资源,提升检验检测效能。在全省率先开展市级层面的食品药品检验检测机构跨部门、跨层级、跨行业的整合工作。着眼于"本岛一体化、两县综合化",按照"统筹规划、合理布局,突出重点、分步实施"的原则,推进食品药品检验检测机构整合。将舟山市质量技术监督检测研究院的食品检验检测职能、浙江省海洋水产品质量检测中心、舟山市食品药品检验所、舟山市渔业检验检测中心、舟山市农产品质量检测中心、定海区食品药品质量检验所和普陀区技术监督测试所与普陀区检验检测创新服务中心的食品检验检测职能进行整合,设立舟山市食品药品检测研究院,为副县(处)级的市政府直属事业单位,暂委托市市场监管局管理。两区原则上不设独立的食品药品检测机构,相关任务主要由市级承担;两县基本完成了以食品药品为重点的综合性检验检测平台整合工作。同时,积极创新市食品药品检测研究院运行机制,采取了以政府购买服务形式解决部分专业技术人员不足问题、创新绩效考评体系、食品药品监管部门工作会商机制等措施。整合以后,舟山市食品药品检测院将作为全市最重要的食品检验检测公共服务平台,将能进一步优化检测资源配置,减少重复建设;加强食品安全监管能力建设,提高检测覆盖率,实现从田头到到餐桌的全过程检测;促进检验检测信息的统一和互认共享,提升政府公信力。

(5)梳理权力清单,理顺内部事权。三局整合后,舟山市市场监管局全面梳理权力清单,截至2014年7月底顺利完成二报及常用非常用权力、保留与属地权力甄别核对工作，累计梳理原工商、质检、食药监各类权力1277条，归并、删除、调整520条，查阅核对各类案卷、档案5600余件，目前确定保留权力720项，远少于省确定的样本数量。在梳理事权的同时，按照"相近职能整合、类似工作统合、内部流转优化"的原则，进一步深化内部事权整合，先后调整事权13项，明确事权9项，处室分工更合理、衔接更顺畅。在上下级事权划分上，市场监管局坚持坚持高效便民原则，力推服务前移，将涉及群众、企业切身利益的许可服务事权，尽量赋权给基层局，逐步实现"审批不出岛，许可不出区"目标；坚持权责对应原则，合理划分事权，使一线有更多精力开展食品等安全监管工作，逐步实现"监管在一线，处置在一线"目标；先后下划下放各类行政事权36项，初步构建起了"职权清晰、配置合理、上下联动、运作有序"的系统化工作模式。

二、突出"海洋战略"特色

新区设立后，海洋经济是新区发展的主题，探索陆海统筹发展新路径、推动海洋经济科学发展、实现陆海一体化管理是新区承担的重要责任。为此，作为全国首个以海洋经济为主题的国家级新区，舟山群岛新区在部门机构设置过程中尽可能突出"海洋"特色。一方面合理布局，突出海洋旅游、港航物流、临港工业、海洋科技等产业发展为主导，依托岛群相应设立了普陀山—朱家尖、金塘、六横等经济功能区，推进海洋产业集聚，大力发展海洋经济；另一方面根据《浙江舟山群岛新区发展规划》提出的"创新海洋管理体制。发挥海洋、海警、海事等涉海部门的职能作用，探索建立海洋联合执法、海洋海岛综合开发与保护等领域的综合协调机制。加强执法队伍和装备建设，完善海上执法预警系统和应对海上突发事件快速反应工作机制，形成统一高效的联合执法体制"的总体要求，按照"先易后难、先联合后整合"的思路，先行探索建立紧密型的海洋联合执法机制，再建立海洋综合行政执法体制。这一改变条块分割、单项管理、分散执法的涉海管理体制创新探索走在全国前列。

以"大海洋"海上执法体制改革为例，通过改革，浙江舟山群岛新区组建成立了舟山市海洋行政执法联合支队，与舟山市海洋与渔业局合署办公，将海洋与渔业、港航、国土管理、文化广电、水利水务等有涉海执法职能部门的相关执法人员和装备，以集中办公形式，联合开展海上执法，行使与海洋相关的行政处罚，以及与之相关的行政强制、行政监督检查权。同时，重点构建与海事、边防、海警、省海洋与渔业局行政执法总队等部门的沟通协调机制,共同开展联合巡航、执法管理等工作,努力破除海上不同部门"九龙治水"的局面,形成海上综合行政执法的合力。基本做法可概括为"三集中一统一":

(1)职能集中。按照"市属部门涉海执法事项高度集中"和"用车能执法的事项暂不纳入、必须用船的执法事项均纳入"的理念,广泛征求涉海部门及人大、政协、法制、人力社保等部门意见,科学确定海上行政执法事项,着力解决资源配置分散、执法多头重复等问题。在先期紧密型联合执法的基础上,相关部门建议将146项执法事项纳入海洋综合行政执法范围,报浙江省人民政府审批。这些事项涉及海洋与渔业部门全部执法职能,港航管理部门航政、运政方面的全部执法职能和港政方面的部分执法职能,国土资源部门海域矿产资源开采的全部执法职能,水利水务部门有关滩涂围垦的全部执法职能,文化广电新闻部门海底文物保护的全部执法职能。

(2)部门集中。抽调舟山市海洋与渔业局执法支队、舟山市港航管理局执法支队、舟山市国土资源管理局监察支队、舟山市水利水务围垦局水政监察支队和舟山市文广新闻出版局文化市场综合执法支队等市内海上执法部门的全部或部分执法力量,集中入驻舟山市海洋行政执法局,开展统一执法。同时,与浙江省公安边防总队、舟山海事局、舟山边防支队、省海警二支队舟山二大队等部省属涉海管理单位建立协同执法机制。

(3)人员集中。为保证紧密型联合执法机制顺利运行,按照"集中、统一"的要求,各单位和部门分别派驻若干名执法人员入驻舟山市海洋与渔业局,实行集中办公。各单位派驻的执法人员的编制、工资关系在联合执法阶段仍保留在原单位,党组织关系转到舟山市海洋行政执法局,日常工作由舟山市海洋行政执法局统一领导和管理,业务上受派出单位的指导,年度工作考核由舟山市海洋行政执法局负责。舟山市海洋行政执法局组建后,在全面梳理相关部门涉海行政执法职能的基础上,采用执法人员自学、装备演练、执法工作研讨、案例分析、各执法处室业务培训会等形式,认真学习了解海洋、渔业、港航、国土、水利、文广等部门涉海方面的法律、法规和规章。通过执法研讨,使各部门执法人员相互了解并借鉴各自的案件流程、办理程序、取证工作、处罚执行等环节的优势和经验,切实提高执法人员的业务水准,有利于紧密型海洋联合执法机制的持久和深化。

(4)执法统一。为确保紧密型海洋联合行政执法取得实效,专门成立了舟山市海洋联合行政执法工作领导小组,由分管副市长为组长,海洋与渔业、国土、水利、文广、公安、边防海事等部门负责人为成员,负责协调解决紧密型海洋联合执法过程中出现的重大问题。通过集中办公、统一执法,将多个部门执法转移到一个部门执法,建立真正意义上的联合执法机制。同时,规定各部门实施的具体行政执法行为,由各部门负法律责任,舟山市海洋行政执法局负主体责任,明确行政执法的责任关系,规范行政执法行为。针对开展海洋综合执法工作的需要,努力寻找联合执法的切入点,开拓海洋执法的新空间,力求发挥紧密型海洋联合执法的社会效果,为舟山群岛新区建设和海洋经济发展提供法治保障。

自建立紧密型海洋联合执法机制以来,浙江舟山群岛新区依托紧密型联合执法这一平台,充分整合海洋与渔业、港航管理、国土资源、水利围垦、文广新闻等部门执法资源,围绕渔业生产安全、海洋环境保护、海域使用、海上采砂、航运和海底文物保护等方面,组织开展了较大规模的海洋综合联合执法行动。尤其是浙江省委省政府部署实施浙江渔场修复振兴暨“一打三整治”专项行动以来,舟山市执法职能高度集中、执法力量充分整合、执法体系更加流畅的海洋综合执法体制优势得到了有效发挥,使海洋联合执法的效果最大化,取得了很好的成效。自舟山市海洋行政执法局运作后,各县(区)、金塘、六横的港航执法与市局同步,自动纳入联合执法机制当中。目前,已形成舟山市海洋与渔业执法与县(区)海洋与渔业执法、市港航执法与县(区)及相关管理站点的执法互动,建立了与港航、国土、水利、文广执法信息共享机制。同时,加强与海事、边防的沟通协调,在县(区)层面建立了常态化的联合执法机制。在日常的执法巡查活动中,各派驻部门的人员力量、执法车辆、船艇、装备可相互调剂使用,极大地提高执法效率。

三、突出“开发建设”需求

为全力保障和服务好新区开发建设,浙江舟山群岛新区在行政体制改革过程上自觉适应开发建设需求设置部门机构。

(1)适应决策资政需求设置部门机构。新区启动开发建设初期,为了加强对所面临的焦点、热点、难点和试点工作及其政策进行深入研究,为新区党工委管委会提供决策咨询服务,新区在行政体制改革过程中,在其他部门机构整合、精简、撤并的同时,此次行政体制改革却整合各方研究力量,将新区政策研究室和浙江舟山群岛新区发展研究院单独增设,凸显出行政体制改革要适应新区开发建设需求这一重要导向。

（2）适应创新驱动需求设置职能机构。为新区海洋经济转型升级发展提供科技驱动力，为浙江建设"海洋强省"和"创新型省份"提供重要支撑，为全国海洋经济发展提供战略示范，浙江舟山群岛新区专门成立中国（舟山）海洋科学城。同时，举全市之力、引全球之智，集聚海洋科技创新资源，培养涉海科研技术人才，支撑新区传统产业转型和新兴产业发展，全力推进海洋科学城成为新区的海洋科技创新中心，成为新区的海洋高技术产业功能区，成为产业集聚区的孵化及产业化转化平台。围绕功能定位和发展目标，海洋科学城规划"一核两带多点"的总体空间布局。其中核心区面积约 12.3 平方千米，以"大甬东和科创园"区块为核心辐射舟山群岛新区全境。核心区域紧邻城市主干道，交通便捷。与长三角主要城市宁波、杭州、上海等构成三小时经济圈，便利的交通条件将给这里的客商带来无限商机。海洋科学城重点发展支撑新区发展的生产性服务业，一是为舟山海洋经济发展服务，重点发展海洋科技研发，围绕船舶及海工装备设计研发、海洋地质勘探、海洋生物技术等应用示范和产业孵化；二是为江海联运服务中心、综保区发展服务，重点发展海洋大数据、北斗海洋通信、电子商务、海事服务及文化创意等服务业。着力打造船舶与海洋工程科技服务产业园、北斗海洋通信产业园、海洋大数据和移动互联网产业园、海洋电子商务产业园、海洋文化创意产业园等五大主题产业园和科技企业孵化器—创客码头。①

经过两年多的精心筹备，2015 年 8 月 17 日，中国（舟山）海洋科学城正式开城。据统计，海洋科学城已入驻单位 155 家，其中科研机构 12 家，科技型企业 65 家，现代服务业企业 78 家。先后荣获了"中国海洋科技创新引智园""国家海洋科技国际创新园""浙江省海外高层次人才创新创业基地"等 7 个省级以上平台称号。中国电建集团华东勘测设计研究院舟山分院、上海船舶工艺研究所舟山船舶工程研究中心、浙江省海洋开发研究院、浙江大学舟山海洋研究中心等 8 家省级以上科研机构已经先期入驻，网易舟山研发中心、中兴通讯、中国卫通（舟山）海洋卫星通信产业群等知名企业项目正加紧建设。海洋科学城科技人才队伍不断壮大，产学研合作不断深入，已拥有国家千人计划 2 人，省千人计划 7 人，领军人才企业

---

① 中国（舟山）海洋科学城简介，2015 – 06 – 04，http://www. zghykxc. gov. cn/newsDetail20150604093249430320. html

34家。与浙江大学舟山校区开展联合招商,与浙江海洋学院建立全面战略合作关系,已共同建设浙江省海洋工程装备工程技术研究中心等6个重点实验室。在国际交流与合作上,海洋科学城与美国、日本、加拿大、以色列、丹麦、芬兰、葡萄牙、冰岛等许多国家政府机构、民间组织和科技企业不断开展合作及交流,部分领域合作已取得积极成果。①

(3)适应依法行政需求设置部门机构。依法行政,建设法治政府,是全面落实依法治国基本方略的重要内容。为了从体制上、源头上切实解决新区原有行政执法工作中存在的多层执法、多头执法、重复执法和执法扰民等问题,建立统一、规范、高效的行政执法体系,浙江舟山群岛新区根据《行政处罚法》的相关精神和国务院继续推进相对集中行政处罚权工作的部署要求,先行先试,深化陆上综合行政执法体制改革。通过改革,完善了综合执法运行机制,建立了资源共享机制,解决了相关部门与"数字城管"系统共享机制不够畅通问题;建立了监管责任机制,明确了综合行政执法局与业务主管部门之间的职责边界;建立了沟通协作机制,完善了综合执法联席会议制度和联合执法制度;建立了综合考评机制,实施了综合执法与相关部门的双向考核。从而进一步理顺了陆上综合行政执法体制,实现了城乡综合执法一体化。具体成效表现为四个方面:一是执法权责分配更加合理,社会管理职能得到强化。自2014年9月1日正式实施以来,在原城市管理行政执法局相对集中行使涉及城市管理方面十大类354项执法职能的基础上,进一步扩大到综合行政执法领域十五大类533项执法职能。更重要的是,通过综合执法改革,促进了执法职能和资源的有效整合,进一步强化了行政执法权威,一定程度上解决了执法力量分散、各自为政、交叉、重复执法、执法缺位、执法效率不高等多种弊端。二是执法机构更加完善,执法主体更加规范。通过编制置换、重新核销等方式,盘活了执法编制,缓解了新区建设编制紧缺的现状。改革后,实行市、县(区)二级执法体制,原舟山市城管执法局从舟山市住建局中剥离出来,确保了综合执法主体的独立性、合法性。三是执法工作机制逐步理顺、完善。针对综合执法中突出问题,按照建立政策制定、行政审批与监督处罚职能相对分开,监督处罚与技术检验职能相对分开,既相互制约又相互协调的行政权力运行模式的要求,舟山市综合执法局完

---

① 《栽下梧桐引凤来——中国(舟山)海洋科学城正式开城》,中国(舟山)海洋科学城网站,2015年8月20日。

成相关责任机制,努力探索部门联动、运转高效、行为规范、管理科学、保障有力的陆上综合执法体制。四是群众导向、问题导向得到充分体现。改革后,打破了过去按专业事项类别执法的旧模式,建立了以社区为基础、"以块为主"的综合执法模式。深入开展执法管理"进社区、进小区、进网格"活动,构建起社区(网格)、物业、行政执法三位一体的城市管理与执法工作体系,实行网格化执法管理和社区化服务。如市级局在新城区域以社区为基础,合理划分若干执法中队,根据管理区域大小、管理实际、任务多少等情况,布局执法人员力量,明确工作任务,实现执法中队人员进驻社区,在社区办公,在基层执法管理,责任到人、管理到岗、服务到"网格";实现矛盾问题由"上交处理"向"基层解决"转变,使问题"在一线发现,在一线解决"。通过队伍下沉社区,推行"网格化"管理,提高了发现率和整改率,强化了基层社会管理力量,乡镇(街道)、社区(村)在社会管理中的基础性作用和属地管理优势得到发挥。改革赢得了乡镇(街道)和社区群众的认同,激发了基层的改革内生动力,提高了执法管理效率,及时化解了基层社会矛盾。

第四节　"全域型"新区选人用人机制创新

加快推进新区建设,关键在人,重点在干部。作为全国唯一一个依托地级市设立的"全域型"新区,相比于其他新区,舟山群岛新区行政体制改革过程中干部的进退留转只能就内解决,这无疑是面临的最为严峻的挑战之一。面对挑战,舟山群岛新区从各个环节深化干部人事制度改革,切实形成能上能下、开放竞争、充满活力的选人用人机制,培养造就一支过得硬、打胜仗的"四干"型[①]干部队伍。

一、注重"实绩标准"选拔任用干部

在推进行政体制创新过程中,充分挖掘干部内在潜力和内生动力,注重为干部找出路,拓空间,搭平台。出台《关于建设"四干型"干部队伍的实施意见》和《选派干部参与新区建设重点工作实施办法》,注重"狮子型干部"的任用,充实到经济功能区和重要部门领导班子中。制定出台《市级机关科级领导干部管理办法》,解决

---

① "四干"是指:大干、苦干、实干、巧干。

科级干部横向交流不畅、结构不合理、缺乏活力等问题。制定《舟山市机关事业单位紧缺高端人才聘任管理办法(试行)》,探索开展政府雇员制等工作,促进各类紧缺高端人才集聚舟山,服务新区建设。通过一系列举措,新区培养造就出一支综合素质好、实绩突出、群众公认的干部队伍。

二、注重"一线岗位"培养锻炼干部

为加强干部梯队建设,培养造就一支结构合理、素质优良、堪当重任的高素质后备干部队伍,舟山群岛新区应按照"缺什么、补什么""内外结合、定向挂职"的思路,筛选300多名干部到任务繁重、条件艰苦的重点项目一线、重要平台一线、信访维稳一线和基层管理一线,加大干部实践历练力度,一般锻炼时长为期两年。同时,建立干部一线考察制度,实行重大工作跟踪考察和即时考察办法,注重在项目推进、转型升级、"三改一拆"、公共服务等重大工作平台和急难险重任务中考察识别干部。对于在新区建设关键时刻或承担急难险重任务中经受考验、表现特别突出、做出重大贡献,在环境复杂、条件艰苦、基础较差的地区或单位中有优秀表现,或者在本地区、本部门、本系统工作实绩特别突出的干部,优先予以提任。通过把年轻干部和骨干干部送到一线锻炼,不仅使新区开发建设一线有了一批敢闯敢干的生力军,也使一大批干部经历了风雨、经受了锻炼,不但提高了工作能力,而且心理素质、耐压程度也有了很大提升。

三、注重"机制建设"考核管理干部

(1)创新绩效考核机制。根据各县(区)、各经济功能区和各部门定位目标的不同,科学设定绩效考核内容,建立健全以经济发展、项目推进、招商引资、社会稳定、党的建设等方面实绩为导向、督事督人并重、督考合一的绩效考核机制,完善考核实施办法,对领导班子和领导干部分类考核、以绩排名,并将考评结果与干部使用、绩效工资和激励奖补相挂钩。在考核评价方式上,坚持掌握真实情况,扩大群众参与程度,设置公众满意度测评项,实现由定性到定量、由模糊到精确的转变,由"官评官"向"民官共评"转变。同时,设置考核加扣分项和"一票否决项",形成有效的激励和约束机制。

(2)健全能上能下机制。结合新区开发建设任务需要,提拔重用一批能驾驭全局、敢抓敢管、勇往直前、善带团队的"狮子型"干部和一批服从大局、任劳任怨、埋头苦干、默默奉献的"老黄牛"干部。与此同时,结合中央、省委精神,对调整不适宜担任现职领导干部规定的 5 类 21 种情形,研究出台《舟山市调整不适宜担任现职领导干部办法》,区分不同情形,调整不称职干部,在干部"下"上动真格。

(3)完善关爱保障机制。在充分尊重干部意愿的基础上,按规定鼓励符合条件的一部分干部提前退休,并辅以规定范围内的待遇调整,为新区专业人才、紧缺人才和新区功能区建设腾出宝贵的职务和编制空间。健全分级谈心谈话、"回娘家恳谈会"、约谈访谈等制度,对干部反映的困难、问题和要求及时研究反馈。此外,开展心理咨询和辅导,及时疏导干部身心压力,促进干部身心健康。

第七章 全面深化改革背景下我国行政体制改革的发展趋势

改革是坚持和发展中国特色社会主义的必由之路,是通过不断改革生产关系和上层建筑中不适应生产力和经济发展的部分,来解放和发展社会生产力,从而推动社会主义制度的自我完善和发展。1978 年以来,我国开展了历史上绝无仅有的改革开放进程。这是决定当代中国命运的关键抉择,是我国的强国之路,是国家发展进步的活力源泉。为此,党的十八大报告明确指出,"要始终把改革创新精神贯彻到治国理政各个环节","不断推进理论创新、制度创新、科技创新、文化创新以及其他各方面创新,不断推进我国社会主义制度自我完善和发展。"①党的十八届三中全会通过的《中共中央关于全面深化改革若干重大问题的决定》,为全面深化改革做出了重大战略部署。与 1978 年开始 35 年来的改革相比,不论是改革的广度、深度,还是改革的路径,此轮改革都有着明显的不同。在这样的大背景下,可以预判,当前及今后一段时期,举国上下将会掀起新一轮行政体制改革的浪潮。

第一节 全面深化改革的时代特征

根据清华大学国情研究院院长胡鞍钢的观点,围绕经济体制改革这一主线,35年来,我国的改革开放经历了五个阶段,即中国经济体制改革发动阶段、中国经济体制改革全面开局阶段、"建立新体制目标"阶段、"完善新体制"阶段和"全面深化改革"阶段。②(见表 7-1)与过去 35 年来的改革开放相比,十八届三中全会部署的全面深化改革有着五个方面不同,具有明显不同的时代特征:③

---

① 《胡锦涛在中国共产党第十八次全国代表大会上的报告》,新华网,2012 年 11 月 19 日。
② 《胡鞍钢解读十八届三中全会 给过去十年改革打 89.7 分》,观察者网站,2015 年 10 月 20 日。
③ 刘先春,王小鹏.十八届三中全会以来关于全面深化改革研究的综述[J].探索,2014(6).

表 7-1 改革开放 35 年来发展阶段比较表

标　志	发展阶段	主要内容
1978 年十一届三中全会,做出把党和国家的工作重心转移到经济建设上来,实行改革开放的伟大决策	中国经济体制改革发动阶段	启动农村改革,全面推行了联产承包责任制
1984 年十二届三中全会,根据党的十二大提出的有系统地进行经济体制改革的任务,做出《关于经济体制改革的决定》	中国经济体制改革全面开局阶段	以建立充满生机的社会主义经济体制为目标,在农村改革初步成功的基础上,开启以城市为重点的全面经济体制改革
1993 年党的十四届三中全会,根据党的十四大确定的经济体制改革的核心目标和基本原则,做出《关于建立社会主义市场经济体制若干问题的决定》(50 条)	"建立新体制目标"阶段	建立社会主义市场经济体制,而不是在原有社会主义计划经济体制下进行改革
2003 年党的十六届三中全会,根据党的十六大提出的建成完善的社会主义市场经济体制和更具活力、更加开放的经济体系的战略部署,做出《关于完善社会主义市场经济体制若干问题的决定》(42 条)	"完善新体制"阶段	指出了完善社会主义市场经济体制的目标和任务,按照"五个统筹"要求向纵深推进改革,更大程度地发挥市场在资源配置中的基础性作用,增强企业活力和竞争力
2013 年党的十八届三中全会,根据党的十八大提出的构建系统完备、科学规范、运行有效的制度体系、使各方面制度更加成熟更加定型的目标,做出了《关于全面深化改革若干重大问题的决定》(60 条)	"全面深化改革"阶段	根据"五位一体"的社会主义现代化总体布局要求,制定"五位一体"的制度建设和体制改革总体方案,全面推进统筹协调经济、政治、文化、社会、生态文明建设五大领域的改革以及党的建设制度改革

资料来源:《胡鞍钢解读十八届三中全会 给过去十年改革打 89.7 分》,观察者网站,http://www.guan-cha.cn/society/2013_11_11_184757.shtml。

一、改革的背景不同

过去 35 年的改革历程始于 20 世纪 70 年代末的改革开放。"文化大革命"十年内乱使党、国家和人民遭到严重挫折和损失,20 世纪 70 年代世界范围内蓬勃兴起的新科技革命推动世界经济以更快的速度向前发展,我国经济实力、科技实力与国际先进水平的差距明显拉大,面临着巨大的国际竞争压力,只有通过改革开放,才能真正解放和发展社会生产力,改善人民生活,追赶时代前进潮流。[①]

"全面深化改革"则是我国改革进入新的历史时期的必然选择。经过 35 年的改革开放,我国经济实力和综合国力得到大幅提升,经济建设、政治建设、社会建设等均取得了举世瞩目的成就,实现了从计划经济体制向市场经济体制的历史性突破;实现了从封闭、半封闭向开放社会的历史性转变;实现了从面向温饱向总体小康社会的历史性跨越;实现了从贫穷落后发展成为第二大经济体的历史性飞跃。然而,我国在经济社会发展取得巨大成就的同时,也面临着更加复杂多变的国内国外环境,面临着经济社会转型的临界点,面临着许多必须亟待破解的发展难题。比如,经济发展新动能、政治体制创新、政府职能转变、社会矛盾纠纷有效化解、生态环境保护法律保障、劳动就业及社会保障水平提升、反腐败任重道远等。这些问题,都倒逼诉诸跨领域的、综合性的改革才能得以系统解决,改革进入了攻坚期和深水区。可见,从 35 年来的改革到"全面深化改革",是从"生存倒逼"到"社会倒逼"的变化。

二、改革的目标不同

党的十七大把 35 年来的改革开放的目的概括为三句话:就是要解放和发展社会生产力,实现国家现代化,让中国人民富裕起来,振兴伟大的中华民族;就是要推动我国社会主义制度自我完善和发展,赋予社会主义新的生机活力,建设和发展中国特色社会主义;就是要在引领当代中国发展进步中加强和改进党的建设,保持和发展党的先进性,确保党始终走在时代前列。[②] 通过改革开放和社会主义现代化建设,我国实现了由计划经济体制向社会主义市场经济体制的转变,形成了全方位开放格局,开辟了中国特色社会主义道路。

而《中共中央关于全面深化改革若干重大问题的决定》提出的全面深化改革总目标,即"完善和发展中国特色社会主义制度,推进国家治理体系和治理能力现代化"。[③] 其中,中国特色社会主义制度是整个国家包括改革发展稳定、内政外交

---

① 胡锦涛.继续把改革开放伟大事业推向前进[J].求是,2008(1).

② 《胡锦涛在党的十七大上的报告》,新华网,2007 年 10 月 24 日。

③ 《中共中央关于全面深化改革若干重大问题的决定》,新华网,2013 年 11 月 15 日。

国防、治党治国治军等各方面的制度体系;国家治理体系和治理能力,是一个国家制度和制度执行能力的集中体现,是检验社会制度是否完善、定型的重要标志,包括经济、整治、文化、社会、生态文明和党的建设等各个领域。这样,就从制度层面将发展的目标与制度的目标有机衔接起来。其本质是通过全面协同改革,改革不适应实践发展要求的体制机制,实现党、国家、社会各项事务治理制度化、规范化、程序化,实现人民的利益要求和福祉。

三、改革的广度不同

35 年以来的改革开放并不是齐头并进的,而是走了一条通过经济改革先行而逐步延伸到其他领域改革的协同发展之路。1978 年以来的每一届三中全会都是一座改革的历史坐标,历届三中全会主题都与改革有关,且每次改革均专注于某个领域或某个方面(见表 7 - 2)。

而十八届三中全会部署的全面深化改革,是以经济体制改革为重点,协同推进经济体制、政治体制、文化体制、社会体制、生态文明体制和党的建设制度改革等多方面改革内容,与中国特色社会主义"五位一体"的总布局相适应,改革涉及的领域之多、范围之广前所未有。可以说是自十一届三中全会以来最全面、最系统的一次改革部署。全面深化改革涉及的每个领域的改革都有各自的重点和核心问题,都是具有丰富内容的系统工程。如经济体制改革涉及市场体系、财税制度、金融制度、土地制度等一系列改革;政治体制改革涉及行政体制、审批制度、司法体制、反腐机制等一系列改革,每个领域的改革都不是孤立的,需要协同配合,统筹兼顾。

表 7 - 2   历届三中全会主要内容①

会议名称	主要内容
十一届三中全会	会议决定全面拨乱反正,停止"以阶级斗争为纲"的错误口号,把全党工作的着重点转移到社会主义现代化建设上来,实行改革开放
十二届三中全会	进一步贯彻执行对内搞活经济、对外实行开放的方针,加快以城市为重点的整个经济体制改革的步伐。通过《中共中央关于经济体制改革的决定》,是指导中国经济体制改革的纲领性文件

① 《历届党的三中全会改革的重点是什么?》,新华网,2013 年 11 月 25 日。

续表

会议名称	主要内容
十三届三中全会	通过《关于价格、工资改革的初步方案》,确定治理经济环境、整顿经济秩序、全面深化改革的指导方针。这次会议为进一步深化经济改革扫清了道路
十四届三中全会	决定建立社会主义市场经济体制。通过《中共中央关于建立社会主义市场经济体制若干问题的决定》,提出企业改革、市场体系建设、宏观调控体系建设、收入分配和社会保障制度建设、农村经济体制改革、对外开放、科技体制和教育体制改革,以及法制建设8个方面的改革内容
十五届三中全会	通过《中共中央关于农业和农村工作若干重大问题的决定》,提出坚持以家庭承包经营为基础统分结合的双层经营体制
十六届三中全会	通过《中共中央关于完善市场经济体制若干问题的决定》,提出巩固和发展公有制并支持非公有制经济、国有企业改革、完善农村经济体制、规范市场秩序、转变政府职能、金融改革、提高对外开放水平、完善社保体系、深化科教文卫体制改革、行政体制改革10个方面的内容
十七届三中全会	研究推进农村改革发展的问题,通过《中共中央关于推进农村改革发展若干重大问题的决定》,主要包括:大力推进改革创新,加强农村制度建设;积极发展现代农业,提高农业综合生产能力;加快发展农村公共事业,促进农村社会全面进步
十八届三中全会	通过《中共中央关于全面深化改革若干重大问题的决定》。提出全面深化改革的总目标是,完善和发展中国特色社会主义制度,推进国家治理体系和治理能力现代化;重点是经济体制改革

四、改革的深度不同

35年来,我国改革开放采取了"由浅入深、由易到难、逐步深化"的改革路径,破解了许多影响和制约发展的重大难题。但不容否认的是,还有一系列深层次矛盾和问题尚未得到根本解决,比如利益藩篱固化的问题、体制机制弊端的问题、党内面临的危险问题等,这些都是"躲不开、绕不过"的难啃的硬骨头。

从全面深化改革的任务来看,需要解决的问题比以往更为复杂,任务也更加艰巨而繁重。一方面,社会结构和利益格局已经发生深刻变化,协调各方面利益和达成改革共识、形成改革合力的难度在不断加大;另一方面,改革越来越多地触及现有利益格局,涉及深层次利益调整的重大改革阻力更大。正是基于这一判断,党的十八大报告和十八届三中全会《决定》都明确提出,要敢于啃硬骨头、敢于涉险滩,以更大决心和勇气冲破思想观念的束缚、冲破利益固化的藩篱,推动中国特色社会主义制度自我完善和发展。可以说,从改革开放到全面深化改革,我国的改革走出了从"治标"向"治本"前进的改革道路,将要实现的是从"量的改革"向"质的改革"的转变。

五、改革的路径不同

改革是一项复杂的系统工程,没有模式可以直接套用。始于 1978 年的改革开放,走的是一条"摸着石头过河"的渐进改革之路。由于现在的改革通常是在揭露了问题后再去解决问题,容易导致改革的"碎片化",所以全面深化改革必须坚持"摸石头过河"与"顶层设计"相结合,整体推进与重点突破相结合,改革力度、发展速度和社会可承受度相结合,增强改革的系统性和协同性。同时,重视基层探索实践,鼓励和允许不同地方进行差别化探索,使改革更加精准地对接发展所需、基层所盼、民心所向,更好造福群众。①

第二节　我国行政体制改革历程的简要回顾

十一届三中全会开启了我国改革开放和社会主义现代化建设的新历程。自改革开放以来,为适应解放和发展生产力的根本要求,完善行政体制,我国先后开展了七次行政体制改革。② 尽管每次改革的背景不同,任务不同,过程难易程度不同,但是历次改革都适应了生产力发展的阶段性需要,取得了阶段性的成效。

1982 年政府机构改革前,国务院工作部门达到新中国成立以来最高峰的 100个,亟须通过改革臃肿的机构以适应经济体制改革的要求。此次改革规定了各级

---

① 高小平.国家治理体系与治理能力现代化的实现路径[J].中国行政管理,2014(1).
② 魏礼群.建立和完善中国特色社会主义行政体制——行政体制改革 30 年回顾与前瞻[J].求是,2009(2).

各部门领导班子的职数、年龄和文化结构，要求减少副职，建立干部离退休制度，打破领导职务终身制。改革后，国务院部门减为 61 个，人员编制从原来的 5.1 万人减为 3 万人，领导班子平均年龄也有所下降。尽管这次改革是一次有益的探索，加快了干部队伍的年轻化，大批年轻知识分子走上领导岗位，但没有触动高度集中的计划经济管理体制，没有实现政府职能的转变。

1988 年政府机构改革是在推动政治体制改革、深化经济体制改革的大背景下进行的，首次提出了"转变政府职能是机构改革的关键"。在改革重点上，突出与经济体制改革关系密切的经济管理部门，强调经济管理部门要从直接管理为主转变为间接管理为主，强化宏观管理职能，淡化微观管理职能。在改革路径上，通过自上而下，先中央后地方、分步实施的方式推行。改革后，国务院部委由原来的 45 个减少为 41 个，机构数量、人员编制都有明显减少。

1993 年政府机构改革的核心任务是在确立社会主义市场经济体制的背景下，建立起适应社会主义市场经济体制的行政体制。这次改革首次提出政府机构改革的目的是适应建设社会主义市场经济体制的需要，并将转变政府职能作为改革重点，强调理顺部门之间的关系和中央与地方的关系。根据改革方案，国务院组成部门、直属机构、办事机构减少 27 个，人员减少 20%。

1998 年政府机构改革仍然坚持了政府职能转变的目标，注重优化政府组织结构，目标是建立办事高效、运转协调、行为规范的政府行政管理体系，完善国家公务员制度，建设一支高素质的、专业化行政管理队伍，逐步建立适应社会主义市场经济体制的、有中国特色的政府行政体制。这次改革进一步加大了全面精简力度，政府职能转变有了重大进展，撤销了几乎所有的工业专业经济部门，国务院组成部门由 40 个减少为 29 个。

2003 年政府机构改革是在加入 WTO 的大背景下进行的，改革的目标是逐步形成行为规范、运转协调、公正透明、廉洁高效的行政体制。改革的重点包括深化国有资产管理体制改革，完善宏观调控体系等。改革后，国务院组成部门由 29 个调整为 28 个，并在构建新的职能体系上取得了实质性进展，进一步优化了政府组织结构，在建立责任政府、效率政府、服务政府方面迈出了实质性的步伐。

2008 年政府机构改革探索实行了职能有机统一的大部门体制，继续加大机构整合力度，合理配置宏观调控部门职能。在此次改革中，从政府职能角度对政府组织机构进行了较大幅度的调整，涉及调整变动的机构共 15 个，正部级机构减少 4

个,国务院组成部门调整为 27 个。这次改革突出了加强和改善宏观调控,加强社会管理和公共服务,顺应了社会主义市场经济发展新时期的要求和挑战。

2013 年政府机构改革是贯彻党的十八大关于建立中国特色社会主义行政体制目标的要求,重点围绕转变职能和理顺职责关系,稳步推进大部门制改革。主要内容是深入推进政企分开、政事分开、政社分开,加快完善社会主义市场经济体制,从体制机制上加强社会建设,保障和改善民生;把职能转变放在更加突出位置,强调以更大力度,在更广范围、更深层次上加快国务院机构职能转变,重在向市场、社会放权,减少对微观事务的干预,同时改善和加强宏观管理。①

回顾改革开放以来的历次行政体制改革,具有明显的经济体制适应性,是在对计划经济体制弊端的逐渐认识的基础上展开的,走了一条从结构—功能分离到结构—功能并重、从注重效率到效率与公平并重的改革路子。1988 年之前的历次机构改革是一种结构—功能相分离的纯粹结构性的变革,只从行政机关的分合增减上做文章。由于在计划经济体制下政府职能没有改变,最终行政机关精简后又复膨胀。而 1988 年之后的历次改革,则开始突破只注重数量增减、单一的组织结构调整的局限,向行政体制改革的关键要素——政府职能的重新选择、定位延伸,开始了结构——功能并重的行政改革。尤其是 2007 年党的十七大报告明确指出要"加快行政体制改革,建设服务型政府",强调要"健全政府职责体系,完善公共服务体系,强化社会管理和公共服务"。这意味着我国的行政改革已从注重效率转到注重公平的改革路子上来。②

第三节　我国深化行政体制改革的发展趋势

2008 年 2 月 27 日党的十七届二中全会审议通过的《关于深化行政体制改革的意见》中,明确提出了深化行政体制改革的总体目标,即到 2020 年建立起比较完善的中国特色社会主义行政体制。2012 年,党的十八大明确要求:"要按照建立中国特色社会主义行政体制目标,深入推进政企分开、政资分开、政事分开、政社分

---

①　周望. 改革开放以来政府机构的回溯、反思与展望[J]. 行政论坛,2009(5).
②　孙建军,丁友良,汪凌云. 回顾与展望:改革开放 30 年中国行政体制改革[J]. 浙江海洋学院学报(人文科学版),2009(1).

开,建设职能科学、结构优化、廉洁高效、人民满意的服务型政府"。2013 年,党的十八届三中全会明确提出了"必须切实转变政府职能,深化行政体制改革,创新行政管理方式,增强政府公信力和执行力,建设法治政府和服务型政府"的要求。①这些都为全面深化改革大背景下我国深化行政体制改革明确了目标方向和主要路径。

综合分析,新时期我国深化行政体制改革的总体趋势为:围绕一个目标,即深化行政体制改革,建设法治政府和服务型政府。坚持两大取向,即通过行政体制改革,在促进经济又好又快发展的同时,强化政府的"社会管理和公共服务职能",在价值取向上做到"效率"和"维护公平正义"不可偏废。实现三大转变,即通过改革,实现政府职能向创造良好发展环境、提供优质公共服务、维护社会公平正义的根本转变,实现政府组织机构及人员编制向科学化、规范化、法制化的根本转变,实现行政运行机制和政府管理方式向规范有序、公开透明、便民高效的根本转变。②突出四个方面,即继续着力转变职能、理顺关系、优化结构、提高效能,做到权责一致、分工合理、决策科学、执行顺畅、监督有力,为实现"两个一百年"和中华民族伟大复兴中国梦提供体制保障。具体表现在四个方面。③

一、转变职能:"一增一减"

转变政府职能,是加快行政体制改革的核心任务。早在 1986 年 5 月国务院确定辽宁丹东、广东江门等 16 个中等城市为"中国第一批机构改革试点城市"时就首次提出"转变政府职能"这个概念。尽管前几次行政体制改革也都把政府职能转变放在突出位置,政府的行政管理职能确实有了很大转变。但是,政府职能转变仍然没有到位,所以新时期深化行政体制改革,要求实现政府职能向创造良好发展环境、提供优质公共服务、维护社会公平正义的根本转变。这包含两层含义:一是政府在整体上要明确定位,构建与市场经济要求相适应的职能框架,切实转变政府职能,实现从"管制行政"向"服务行政"转变,全力建设服务型政府。二是更加关注

---

① 《中共中央关于全面深化改革若干重大问题的决定》,新华网,2013 年 11 月 15 日。

② 魏礼群.建立和完善中国特色社会主义行政体制——行政体制改革 30 年回顾与前瞻[J].求是,2009(2).

③ 孙建军,丁友良,汪凌云.回顾与展望:改革开放 30 年中国行政体制改革[J].浙江海洋学院学报(人文科学版),2009(1).

政府职能结构的调整,明确政府应该做什么、不应该做什么。可见,经济发展新常态下,政府职能转变的核心仍然是处理好政府和市场的关系,使市场在资源配置中起决定性作用和更好发挥政府作用。在这样的背景下,政府职能转变体现为"一增一减"趋势。"一增",就是要加强和改善宏观调控,更加注重社会管理和公共服务职能。"一减",就是要让市场机制重新在中国经济中发挥决定性的作用,政府则要简政放权,尽可能少地干预微观层面的活动,回归本职,强化宏观调控的科学性、预见性和有效性,切实发挥统筹兼顾作用,为经济社会又好又快发展创造良好环境,切实做到让市场主体"法无禁止即可为",让政府部门"法无授权不可为"。"一增一减"的趋势体现了"有限政府""法治政府"的理念,通过推动职能转变,加快形成权界清晰、分工合理、权责一致、运转高效、法治保障的国务院机构职能体系,真正做到该管的管住管好,不该管的不管不干预,切实提高政府管理科学化水平。①

二、理顺关系:"一集一分"

从中央政府层面来说,理顺关系至少包含两方面:一是理顺好国务院各部门间的关系以及中央和地方政府间的府际关系;二是理顺好政府与市场、社会的关系。为了扫除体制障碍、集中各方力量、合力推进改革进程,为全面深化改革提供坚实的行政体制保障。新时期深化行政体制改革呈现出"一集一分"的趋势。

"一集",就是以有效、务实的体制安排高度集中全面深化改革的领导权和保障力量,进而以集中起来的强大力量,迅速有力地为全面深化改革扫除体制障碍、推进改革进程。在横向层面,建立多个中央层级的领导小组管理体制,适当集中领导权和保障力量。比如中央成立全面深化改革领导小组,负责改革总体设计、统筹协调、整体推进、督促落实;设立国家安全委员会,完善国家安全体制和国家安全战略,确保国家安全;成立中央网络安全和信息化领导小组,着眼国家安全和长远发展,统筹协调涉及经济、政治、文化、社会及军事等各个领域的网络安全和信息化重大问题,研究制定网络安全和信息化发展战略、宏观规划和重大政策,推动国家网络安全和信息化法治建设,不断增强安全保障能力;成立中央军委深化国防和军队改革领导小组,确保各项国防和军队改革工作统一谋划、统一部署、统一推进、统一

---

① 孙建军,丁友良,汪凌云.回顾与展望:改革开放 30 年中国行政体制改革[J].浙江海洋学院学报(人文科学版),2009(1).

实施,等等。在纵向层面,建立自上而下的垂直系统管理体制,强化以中央权力有力推动和保障地方的全面改革。比如建立全面深化改革领导小组垂直系统,与中央全面深化改革领导小组相配套,为推动各项改革举措落到实处提供有力指导和保证;建立中共纪律检查委员会垂直系统,强化上级纪委对下级纪委的领导,地方纪检领导体制从同级领导为主改为垂直领导为主;在省以下建立司法垂直系统,省以下地方法院、检察院人财物由省里统一管理,不再与省以下地方发生关系,以确保依法独立公正行使审判权检察权。

"一分",就是在治理多中心的理念指导下,不断采取"简政放权"的分权化改革,正确处理好政府与市场、社会的关系,推进国家治理体系和治理能力现代化。一是让市场在资源配置中起决定性作用,将政府的主要经济职能限定在弥补市场失灵方面,大幅度地简政放权。本届政府成立以来,经过两年多的行政审批制度改革,国务院部门已经取消或下放超过1/3的审批事项。二是加快实施政社分开,将适合由社会组织提供的公共服务和解决的事项,交由社会组织承担,激发社会组织活力,积极培育公民社会。三是大力推进事业单位"去行政化",推进政事分开,建立法人治理结构。

三、优化结构:"一大一小"

随着经济体制改革的推进,政府架构相对合理化,国务院部门数量明显减少。从1981年的100个减少到2013年的25个,减少了75个部门。但是,与市场经济发达国家的政府部门设置相比,数量仍然较多。比如,美国只有15个、英国18个、加拿大19个、新西兰19个、新加坡15个、德国14个、韩国18个、俄罗斯15个、日本12个。为了进一步破除"九龙治水"、最终却"无龙治水"的困境,解决政府部门设置过多、分工过细、职能交叉、协调困难等突出问题,需要进一步理顺中央部委之间的关系,建立统一、精简、高效的服务型政府,新时期,我国深化行政体制改革在优化结构过程中会呈现出"一大一小"的趋势。"一大",就是将会在原有基础上,进一步加大组织机构整合力度,推进大部门制改革,形成"宽职能、大部门"的政府组织结构和体制机制。"一小",就是大部制改革会继续以"小范围、小步伐"循序渐进地分阶段推进。这是因为推进大部制改革必须要克服许多困难和阻力,比如人员分流问题、大部门权力结构和运行机制问题、大部门约束与监督问题、部门利益膨胀问题、大部门体制改革涉及更深层次的政治层面问题等。①

四、提高效能:"一高一低"

有效回应社会公众需求,改进政府机关的服务质量和办事效率,提升人民群众对政府机关的满意度,是深化行政体制改革重要的目标取向之一。可见,在全面深化改革过程中,进一步提高政府效率和效能应是题中之意。具体表现为"一高一低"的要求。

"一高",就是提高机关行政效能。机关行政效能建设是以提高行政效能为基本目标,以实现优质高效为目的,把管理的诸要素有机结合在一起依法履行职责的管理活动。可以说,涉及行政体制的方方面面。当前,由于含金量高的行政审批事项仍不少、部门职责混淆、部门和个人利益的驱动性、政务不公开、干部作风不实等原因,机关行政效能水平需要进一步提高。② 为了进一步提高行政效能,改革政绩考核机制、加强行政问责制、形成科学有效的权力制约和协调机制、推行地方各级政府及其工作部门权力清单制度、完善政务办事公开制度等都将成为下一步深化行政体制改革的重要措施。

"一低",就是确保降低行政成本。改革开放以来,行政管理经费一直快速增长。推进公共预算制度改革、优化公共支出结构,以降低行政成本已成为我国行政体制改革的当务之急。③ 为此,在《中共中央关于全面深化改革若干重大问题的决定》中明确提出,要规范并严格执行领导干部工作生活保障制度,具体提出"七个不"要求,即"不准多处占用住房和办公用房,不准超标准配备办公用房和生活用房,不准违规配备公车,不准违规配备秘书,不准超规格警卫,不准超标准进行公务接待,严肃查处违反规定超标准享受待遇等问题"。④ 同时,还提出要通过"健全严格的财务预算、核准和审计制度,着力控制'三公'经费支出和楼堂馆所建设""探索实行官邸制"等要求。⑤ 这些措施都将有利于降低行政成本。

① 孙建军,丁友良,汪凌云.回顾与展望:改革开放30年中国行政体制改革[J].浙江海洋学院学报(人文科学版),2009(1).

② 孙建军,丁友良,汪凌云.回顾与展望:改革开放30年中国行政体制改革[J].浙江海洋学院学报(人文科学版),2009(1).

③ 唐铁汉.降低行政成本 提高政府效能[J].国家行政学院学报,2007(4).

④ 《中共中央关于全面深化改革若干重大问题的决定》,新华网,2013年11月15日.

⑤ 《中共中央关于全面深化改革若干重大问题的决定》,新华网,2013年11月15日.

第八章　深化浙江舟山群岛新区行政体制改革的未来展望

自新区批复以来,浙江舟山群岛新区突出先行先试优势,自主改革创新,行政体制改革取得了重点突破,在实行大市场监管体制、探索海上综合行政执法体制、深化行政审批制度改革、建立实施部省际联席会议制度等方面已经走在全省乃至全国的前列。但是对照我国行政体制改革的发展趋势,对照国家战略实施的使命要求,对全面深化改革的总体部署,对照新区干部群众的现实期盼,浙江舟山群岛新区行政体制改革仍须不断深化。2014年中共舟山市委党校课题组对浙江舟山群岛新区行政体制改革实践探索的问卷调查结果显示,对新区行政体制改革的探索实践的总体看法上,5%受访者认为满意,71%受访者认为基本满意,24%受访者认为不满意;对新区行政体制改革"三强三优"探索实践最满意的前三项分别是"强化经济功能区建设"(27.7%)、"强化政府职能转变"(25.0%)、"强化新区统筹协调职能"(25.0%),最不满意的是"优化部门机构设置"(48.8%);受访者认为新区第一轮行政体制改革之后依然面临的主要问题前三项分别是"管理体制不够顺畅"(73.3%)、"机构设计不够合理"(46.7%)、"顶层设计不科学"(44.4%);受访者认为下一步深化新区行政体制改革的必要措施的前三项分别是"加强顶层设计"(73.3%)、"完善运行机制"(46.7%)、"理清部门机构职能"(42.2%)。(见附录8、附录9)

在全面深化改革背景下,当前和今后一段时期,浙江舟山群岛新区仍须顺应我国行政体制改革发展趋势,借鉴其他新区的实践经验,结合舟山实际,在现有基础上,进一步深化行政体制改革。我们认为,至少要处理好五对关系:一是以建设人民满意的法治政府和服务型政府为目标,处理好理想体制与阶段性体制的关系;二是以加快政府职能转变为核心,处理好政府与市场、社会的关系;三是以经济功能区为纽带,处理好功能区与行政区的关系;四是以服务新区科学发展为目的,处理好改革创新与法治保障的关系;五是以"四干型"干部队伍为支撑,处理好改革推进落实与激发干部活力的关系。

第一节　处理好理想体制与阶段性体制的关系

2008 年党的十七届二中全会全面部署我国深化行政管理体制改革,提出"建设人民满意的政府"总体目标。2012 年,党的十八大提出,行政体制改革是推进上层建筑适应经济基础的必然要求,要深化行政体制改革。2013 年,党的十八届三中全会明确提出了"必须切实转变政府职能,深化行政体制改革,创新行政管理方式,增强政府公信力和执行力,建设法治政府和服务型政府"①的要求。借鉴其他新区的实践经验,深化浙江舟山群岛新区行政体制改革,我们必须充分认识到新区行政管理体制改革是一个螺旋式循序渐进的过程。在此基础上,以转变政府职能为核心,处理好理想体制与阶段性体制的关系,循序渐进,分步实施,全力建设人民满意的法治政府和服务型政府。

一、开发启动阶段:重在发挥管委会体制"撬动效应"

在开发启动阶段,新区的工作重心是加快开发建设,逐步把新区发展规划付诸实施,落到实处。相应地行政管理体制改革重在突出开发导向,理顺好管委会体制与原有行政体制的关系,充分发挥好管委会体制的"撬动效应",同时,重在调整好新区内的次级管理体制,即布局好经济功能区,并协调好各经济功能区与新区管委会(市)、县(区)及乡镇(街道)的关系。2013 年 8 月启动新区行政体制改革以来,已经取得了预期成效。

下一步,仍须着重从六个方面继续深化新区开发启动阶段的行政体制改革:一是继续充分利用好"浙江舟山群岛新区党工委、管委会"牌子,争取将省级经济社会管理权限落实到位。尤其是要积极争取与舟山群岛新区发展直接相关的省级海域使用和岸线使用管理权限落地。二是强化管委会在制定发展规划、统筹产业布局、推动基础设施建设,以及协调处理重大问题等方面的决策职能,实现"管委会"体制的高效性与现有管理体制决策、执行、监督合理分工的科学性有机统一。三是

---

① 《中共中央关于全面深化改革若干重大问题的决定》,新华网,2013 年 11 月 15 日。

强化新区管委会统筹协调职能，坚持"规划一张图"，继续按照"经济管理扁平化，社会管理精细化"要求，突出"凸显功能集成、凸显要素集聚、凸显产业集群"，突破行政区划框架，建立共享平台机制，把综保区、开发区作为新区产业集聚地，市、县（区）共同联动招商，全力打造"新区产业集聚平台"。四是在现有经济功能区发展的基础上，引入市场机制，实行企业化运作，做大做强实体性的投资开发公司，强化各功能区的开发投资和招商等职能。同时，根据开发建设需要，合理谋划布局新的经济功能区，成立党工委和管委会，作为新区党工委和管委会的派出机构。五是完善经济功能区管理体制，尽量减少摩擦，理顺各功能区与市属部门、县（区）、乡镇（街道）的关系。六是着重围绕管理体制是否理顺、部门机构设置是否合理、职能配置是否清晰、运行机制是否完善、干部活力是否激发等方面开展行政体制改革"回头看"，明确完善方案，进一步深化改革。

二、全面建设阶段：重在调整行政区划

随着新区全面建设步伐不断加快，尤其是随着重大项目、重大工程和重大改革的不断推进，体制内的深层次矛盾必然会不断显现，特别是经济功能区与行政区的管理体制矛盾会不断激化，这是因为，功能区与行政区的矛盾，多源于功能区的跨行政区设立而引发。这种跨行政区设立的功能区主要为开发工作而设立，其辖区内的社会管理工作往往由所在行政区来做。而辖区内的各行政区往往基于利益考量而相互推诿，从而产生"重经济开发、轻社会管理"的现象。同时，随着经济功能区开发建设，土地、岸线等发展要素支撑必然要突破其辖域范围，与邻近的行政区产生冲突。为此，在全面建设阶段，行政体制改革的核心任务将集中于调整行政区划，实现扁平化管理。通过调整行政区划，使所有经济功能区不再跨乡镇（街道）、跨县（区），从而使经济功能区内的乡镇（街道）完全从属于功能区，使跨县（区）的经济功能区独立于所跨县（区）。同时，在此基础上，需要相应调整县（区）的职能定位。

三、成熟运行阶段：重在回归常态行政管理

随着新区强力开发后经济社会的迅速发展，社会事务将大幅增长，政府公共管理和社会服务的职能要求将更高。同时，新区管委会权力来源受限、决策执行监督的科学性要求等因素都需要新区从"管委会"模式走向"一级政府"管理体制，回归

常态化的行政管理,既有利于政府转变职能,全力打造服务型政府,以适应新区经济社会发展的需要,也有利于新区群众通过制度化的渠道来参政议政,为新区发展建言献策,从而密切新区政府与群众的联系,从而为新区发展营造和谐、稳定、公平、公正的社会环境。

第二节　处理好政府与市场、社会的关系

作为国家级新区,舟山理应充分发挥先行先试优势,以加快政府职能转变为核心,进一步深化改革,理顺政府与市场、社会的关系,努力把市场的活力与政府的科学规划结合起来,把社会的自发力量与自觉力量有机结合起来,激发全社会创造活力,真正实现"小政府、大社会"的管理格局。

一、深化行政审批制度改革:进一步厘清政府与市场的边界

十八届三中全会通过的《中共中央关于全面深化改革若干重大问题的决定》提出:"处理好政府和市场的关系,使市场在资源配置中起决定性作用和更好发挥政府作用。"未来行政体制改革的基本特点在于把行政审批制度改革作为主抓手和突破口,把机构改革方案与职能转变有机结合,围绕使市场在资源配置中起决定性作用和更好发挥政府作用,处理好政府和市场关系。核心在于实现政府的权力归位,激发市场活力和发展潜力,促进经济社会持续健康发展。结合舟山实际,着重可以从以下四个方面进一步深化行政审批制度改革:

(一)以"清单"制度为关键,持续推进简政放权

进一步减政放权,这是政府的自我革命,也是推进行政体制改革的核心要求之一。在进一步深化新区行政体制改革进程中,要根据新区建设发展新需要,实现减政放权从重数量向提高含金量转变,从"给群众端菜"向"让群众点菜"转变,从分头分层级推进向纵横联动、协同并进转变,从减少审批向放权、监管、服务并重转变①。

---

① 《国务院关于印发2015年推进简政放权放管结合转变政府职能工作方案的通知》(国发〔2015〕29号)。

从根本上解决行政审批制度顽疾，关键在于如何有效管住"政府的手"。以"权力清单"为核心的"清单"制度体系，这是解决这一问题的有效手段。"权力清单"是依据国家法律，对政府职责和权力行使进行"确权勘界"。通过清单，明确规定各级政府各个部门的职责范围和权力种类、数量，权力使用的对象、条件与方式，权力使用的约束、责任承担等。"①以"权力清单"推进行政审批制度改革，从而真正保障减政放权的实现，是行政审批制度改革的一个明确方向和有效突破口，是依法行政的必然要求。除"权力清单"之外，"责任清单"明确政府部门必须承担哪些责任、必须做哪些事情，与部门相关的职责边界，事中事后监管制度和公共服务事项；"负面清单"明确市场准入，政府从市场管理者转向市场服务者的角色，全面实施市场准入负面清单制度，对企业来说，意味着"法无禁止皆可为"，对于政府来说，则是"法无授权不可为"。"清单制度"既是推进政府治理现代化，进一步厘清政府与市场权责边界、促进简政放权的重要抓手，又是推动政府全面正确履行职能、建设服务型政府的内在要求，也是规范权力运行、建设法治政府廉洁政府的重要途径。因此，以"清单制度"推进行政审批制度改革，结合推行权力清单制度，全面清理政府职权，进一步取消对投资和创业就业影响大、对经济社会发展制约明显的行政审批事项，并对行政许可以外的审批事项进行全面梳理和审查，该取消的一律取消，该调整的坚决调整。

新时期，浙江深入贯彻党的十八届三中全会精神，正以"四张清单一张网"为总抓手，深化政府自身改革，着力厘清政府与市场、社会的边界，力争改革开放继续走在全国前列，再造浙江体制机制新优势，不断推动经济社会发展再上新台阶。根据省政府的总体部署，舟山市及早启动，扎实推进"四张清单一张网"建设。在迈出坚实步伐的基础上，下一步舟山市应从三个方面继续深化"四张清单一张网"建设，继续推进简政放权，进一步推进政府职能转变。

（1）深化清单建设。理出一张清单不容易，但更难的是将清单在现实中操作到位。这既需要政府部门的执行力，也衡量政府部门的公信力。"四张清单"的编制并非一劳永逸，必须随着法律法规修订和改革的深化，其具体内容亟须动态调整。当前还须警惕另一种倾向，即借口简政放权，导致种种不作为现象。为此，下一步更要重点研究编制好责任清单，将事关公共安全、公共利益、公共秩序等方面

---

① 《"权力清单"指引行政审批制度改革 有效管住"政府的手"》，时代在线网站，2014 年 4 月 3 日。

的责任目录化,并分类建立事中事后监管制度。

（2）优化政务服务网应用。"一张网"上线后,加快完善服务功能,优化用户体验,才能不断提高人民群众的满意度。下一步,就需要在实现"三集中"上发力:一是结合政府权力清单制度的推进,让行政处罚、行政确认等更多的管理服务事项上线运行,实现权力事项集中进驻;二是充分叠加公共服务资源,大力推进行政审批全流程网上办理,深化跨层级联办、部门协办等工作,实现权力事项集中进驻;三是根据全省统一部署,加快建设政务信息资源共享管理系统,着力打破条块信息壁垒,实现数据资源集中共享。

（3）促进网上网下融合。推进"四张清单一张网",在网上晒清单、推服务,目的是运用互联网思维、借助互联网力量来倒逼政府改革。实事求是地说,那些被网民挑出的"茬子",病根都在网下。因此,下一步需要将网上服务与网下改革联动起来,加快补长政府运作环节形形色色的短板。

（二）以"标准化"为抓手,不断促进提速增效

在新区行政体制改革创新中,要以标准化为抓手,不断优化行政审批流程,创新行政审批方式,提高行政审批效率,为企业松绑减负,为创业创新清障搭台,培育经济社会发展新动力。

（1）推进行政审批标准化。行政审批标准化主要包括行政审批事项的标准化、审批要件的标准化、审批流程的标准化、办事指南的标准化、基础设施的标准化。《国务院关于印发 2015 年推进简政放权放管结合转变政府职能工作方案的通知》所有行政审批事项都要逐项公开审批流程,压缩并明确审批时限,约束自由裁量权,以标准化促进规范化。[①] 对于新区行政审批制度改革来说,要贯彻落实国务院关于规范行政审批行为改进行政审批工作的文件精神,结合相关要求,对全市所有的审批服务事项统一编制规范的办事指南,对审批事项的申请、受理、审查、决定等环节的办理流程进行整合压减和规范,减省一切不必要的环节和要求,全市同一审批事项在子项拆分、基本信息、申报材料、办理流程等方面的相对统一,严格约束审批权,提高审批透明度和效率,方便群众办事。凡审批标准明确、条件简单,不需要专家论证和现场踏勘,只需要进行形式审查的涉及企业审批事项,推行"一日即

---

① 《国务院关于印发 2015 年推进简政放权放管结合转变政府职能工作方案的通知》(国发〔2015〕29号)。

办"(即一个工作日内办结)。从方便群众办事的角度出发,简化办事流程,减少审批材料,推动涉及民生的审批及服务承诺事项"即来即办"。[①] 争取对符合国务院批准的新区总体方案和发展规划所涉及的项目,建立健全审批"绿色通道",实行全程跟踪服务,对重大投资项目优先办理。

(2)推进网上审批。完善的网上审批方式是推进审批标准化和审批提速增效的有效手段。2015年2月6日,国务院总理李克强主持召开国务院常务会议,部署改革政府投资管理方式和转变职能的措施,强调运用互联网技术,加快建设投资项目在线审批监管平台,推进网上受理、办理、监管"一条龙"服务,做到全透明、可核查,让信息多跑路、群众少跑腿。[②] 从浙江省"四张清单一张网"已取得的实践成果来看,建成融网上审批于一体的政务服务网,能有效实现审批信息资源共享,建立公开、透明的高效办事机制。对于舟山群岛新区来说,首先要将进一步完善全市统一的政务服务网舟山平台,市、县(区、功能区)、乡镇(街道)、社区四级行政审批服务事项全面纳入浙江政务服务网管理。根据"网上审批、全程在线,办结取件;网上申报,信任在先,办结核验;网上预审,窗口审批,办结取件"三种业务模式,全面推进网上审批深度应用。加快建设信息共享、覆盖全市的投资项目在线审批监管平台,加快投资审批等信息资源共同开放共享,实现报件材料不重复提交、批文证照入库共享,推动有关部门间横向联通,促进市与县(区)、功能区纵向贯通,实现"制度+技术"的有效监管。通过网络信息化手段,搭建中介(技术)机构服务网络平台,中介(技术)服务实行网上竞价采购,并实现网上评价,建成"网上中介超市"。在推动市县行政审批系统联网的同时,进一步推进行政审批电子监察系统建设,实现行政审批项目从受理到办结的每一个环节全程监督,实时纠正违法违规行为。[③]

(3)深化企业投资审批改革。深化完善核准目录外企业投资项目"不再审批"制度。总结推广核准目录外企业投资项目"不再审批"试点经验,全面推行"零地技改"项目不再审批改革,优化管理方式。在各县(区)和功能区建立起比较完善的核准目录外企业投资项目和"零地技改"项目"不再审批"机制,促使项目尽快投

---

① 参考舟山市审批服务与招投标管理委员会《十三五时期深化行政审批制度改革的思路与对策》报告。

② 李克强:《推行网上并联审批 让信息多跑路、群众少跑腿》,中华人民共和国审计署网站,2015年2月9日。

③ 参考舟山市审批服务与招投标管理委员会《十三五时期深化行政审批制度改革的思路与对策》报告。

产。推进企业投资项目审批"三联动"改革。市、县（区）、功能区全面实行投资项目审批联动工作机制,为投资项目报建提供"三级联动"一体化代办服务,对企业投资项目实施的地籍测量、规划测量及房产测绘的多次测量方式,实行一个部门牵头,统一实施测量测绘,数据信息共享的制度。整合技术资源,组建综合测绘单位,提高测绘资质等级。对企业投资建设项目建立竣工联合验收制度,实行"统一受理、提前介入、分组检查、集中验收"工作机制。① 简化投资项目报建手续,大幅减少申报材料,压缩前置审批环节并公开审批时限,进一步提升企业投资项目审批效率,优化企业投资环境。

（4）深化商事登记制度改革。推进工商营业执照、组织机构代码证、税务登记证、社会保险登记证、统计登记证"五证合一"改革,实现"一照一码"。制定落实"先照后证"改革严格执行工商登记前置审批事项的意见,清理取消不合理的前置审批事项,实行前置审批事项目录清单管理。② 加快推进与"先照后证"改革相配套的管理规定修订工作。借鉴上海自由贸易试验区外商投资企业备案管理工作经验,探索推进外商投资审批体制改革,进一步简化外商投资企业设立程序。建设小微企业名录,建立支持小微企业发展的信息互联互通机制,依托企业信用信息公示系统,实现政策集中公示、扶持申请导航、享受扶持信息公示等③。按照国家统一部署,推进企业信用信息公示"全国一张网"建设。

（三）以"平台建设"为重点,优化行政审批服务体系

创新行政审批管理方式,优化行政审批服务体系,关键要牢固树立群众意识,将行政审批由政府部门自身方便的角度,转变为群众方便的角度,转变工作视角。因此,在下一步改革中,需要建立健全以行政审批平台为重点的行政审批综合服务体系。④ 健全新区行政审批服务体系,可以从以下四个方面努力。

（1）建立健全扁平化服务体系。以服务型政府建设为目标,结合"四张清单一张网"建设,进一步理顺市、县（区）、功能区行政审批服务管理体制,以"规范统一、

---

① 参考舟山市审批服务与招投标管理委员会《十三五时期深化行政审批制度改革的思路与对策》报告。
② 参考舟山市审批服务与招投标管理委员会《十三五时期深化行政审批制度改革的思路与对策》报告。
③ 《关于进一步做好新形势下就业创业工作的意见》（国发〔2015〕23号）。
④ 李三忠.针对当前行政审批改革的深层次问题找准切入点——建立健全行政审批服务体系[N].北京日报,2014年8月25日。

扁平高效、信息共享、上下联动"的"一体化"服务体系。按照"一门办理"要求,大力推动市县两级部门审批事项集中到行政服务中心,积极推动涉及企业投资和民生事业的服务事项向行政服务中心集中,推进行政审批和公共服务的综合性服务。争取将目前尚未纳入的口岸通关、社保、交警、公积金、公安出入境等服务事项纳入市行政服务中心的服务体系,在场地条件成熟的时候,全部进入中心大厅。整合建立县(区)区域行政服务分中心,强化中心大厅的统一和规范管理。① 推进市县两级同权审批制度改革,争取除宏观调控需要,涉及区域管理外的其他事项实现市县两级同权,最大限度做到"办事不出县"。

(2)加强便民服务中心规范化建设。明晰基层便民服务中心的受理和代办事权,从群众需要出发,将涉及基层群众的公共服务事项纳入便民服务中心,方便群众就近就便办理。加强镇、社区便民服务中心标准化建设,提高代办员业务水平。建成管理规范、办事公开、信息共享、运行高效的四级政务服务体系。②

(3)健全项目审批联动代办服务体系。全面实行投资项目审批联动工作机制,涉及多层级多部门审批的投资项目实行市、区、功能区联合会商、联合踏勘、联合代理、联合督办,围绕新区建设项目的快速落地,健全代办队伍,提高业务素质,提高代办效率。③

(4)规范中介服务。2015年10月,国务院印发《关于第一批清理规范89项国务院部门行政审批中介服务事项的决定》,提出要制定完善中介服务的规范和标准,规范中介服务机构及从业人员执业行为,细化服务项目、优化服务流程、提高服务质量,营造公平竞争、破除垄断、优胜劣汰的市场环境。④ 国务院的这项决定,为进一步促进中介服务市场健康发展指明了方向,提供了参考标准,对于地方行政审批中介服务发展具有重要指导意义。

对于浙江舟山群岛新区来说,规范中介服务要从厘清中介服务功能、提升中介服务水平、加强收费监管等方面入手,具体来说:

<hr />

① 参考舟山市审批服务与招投标管理委员会《近几年行政审批制度改革工作情况及存在问题》调研报告。

② 参考舟山市审批服务与招投标管理委员会《"十三五"时期深化行政审批制度改革的思路与对策》报告。

③ 参考舟山市审批服务与招投标管理委员会《"十三五"时期深化行政审批制度改革的思路与对策》报告。

④ 《关于第一批清理规范89项国务院部门行政审批中介服务事项的决定》(国发〔2015〕58号)。

一是清理规范中介服务项目。对审批中介服务进行全面清理,对没有法律法规规章规定而自行设立的项目要予以取消,对法律法规规章规定应由行政审批部门办理的事项,不得交由中介服务机构。市、县(区)要编制中介服务项目目录,并及时向社会公布。

二是推进中介机构改革。放宽中介机构准入资质,除涉及国家机密、公共安全等重要领域外,应按照"非禁即入"的市场准入原则,允许具备资质的中介机构进入市场开展业务,打破垄断经营,积极引进国内外资质等级、执业水平、资信度高且本地紧缺的中介机构进入市场参与竞争,加快形成同一性质中介机构充分竞争的市场环境。按照政企分开、政事分开、政府与行业及中介机构分开的要求,分类推进中介机构在人、财、物等方面与行政机关或挂靠事业单位脱钩改制,形成中介机构充分参与市场竞争的服务机制。

三是提升中介服务水平。加强涉企投资项目审批中介机构的规范管理,进一步完善中介机构管理考评机制研究出台相关中介机构管理办法,对运行机制、操作流程、服务承诺、信用评定、垄断经营、监督约束等做出明确规定。进一步压缩中介机构服务时间,建立科学规范的中介机构诚信体系,打造服务最优、时间最省、收费合理的中介服务市场。

四是加强中介机构收费监管。对保留的中介服务项目,价格主管部门应根据行业发展情况,分别制定实行政府定价、政府指导价、市场调节价的项目目录,并及时向社会公布。对专业技术性较强的中介服务收费标准,可以探索实行听证制度。在同一专业的中介机构未实质性达到3家的过渡期内,实行政府定价或政府指导价,按不高于已经实现充分竞争的周边城市同一事项均价80%收费。对少数具有行业和技术垄断、市场竞争不充分或服务双方达不到平等、公开服务条件的中介服务收费,实行政府定价或政府指导价,放宽部分专业服务收费标准浮动幅度。对事业单位性质且相对垄断的中介机构收费情况,每年组织专项检查,并加强督查结果的运用。[①]

(四)以"放管结合"为要求,加强事中事后监管

取消和调整部分审批项目,并不是取消管理,更不是取消监管责任,要警惕借

---

① 参考舟山市审批服务与招投标管理委员会《"十三五"时期深化行政审批制度改革的思路与对策》报告。

口简政放权导致种种不作为的现象。因此,要克服重审批、轻监管的倾向,切实加强和改进事中、事后监管工作,新区必须按照进一步依法执政、简政放权、放管结合和政府职能转变的要求,推进行政机关工作重心由规范市场主体活动资格为主向规范市场主体行为为主转变,由事前审批为主向事中事后监管为主转变,构建严密的综合监管体系,确保为新区经济社会健康发展营造良好的服务环境。

（1）加强行政监管,形成权责相符工作机制。行政监管是加强行政审批事中事后监管的主要途径。其一,明确行政监管责任。通过公布权力清单和责任清单,明确行业主管部门、行政审批部门和监管职能部门之间的监管责任、监管边界和监管权限范围。其二,统一监管标准程序。行政监管要明确监管依据、监管目标、监管原则、监管原则、监管方式和保障措施,向社会公开相关信息,做到程序标准化、过程透明化,行为可监督,结果可核查,确保各项措施落实到位,逐步健全长效监管机制,切实保障利益相关人的合法权益。其三,健全行政监管方式。制定监管实施细则,建立规范的抽查制度、责任追溯制度、经营异常名录和违法经营者黑名单制度,采取随机抽查、专项督查、事后稽查和绩效评价等方式,以随机抽查为重点,完善日常监管方式,推进监管信息化,加强重点领域和行业风险防范,严格强制标准执行,建立协同监管制度,创新监管执法机制,不断提高监管水平和效率。

（2）完善社会监督,形成社会共管共治机制。一方面,要健全信用监管体系。信息管理体系是完善社会监督的重要前提,因此,要建立完善的社会法人信用基础数据库、自然人信用基础数据库、市场主体信息基础数据库,完善市场主体信用信息记录,建立以公民身份号码和组织机构代码为基础的统一社会信用代码制度,逐步建立包括商事登记、金融、社保、违章等综合信息、标准化信息管理系统。依法建立严重失信"黑名单"制度,纳入信息管理系统,方便社会公开查询。建立健全信用分类、分级监管机制,实施分类、分级动态监管,构建联合惩戒基础。另一方面,发挥行业自律作用。企业主体应严格执行《企业信息公示暂行条例》,依法公示企业相关信息,提高经营透明性,行业协会组织应该建立健全经营管理规范、自律公约,规范会员行为。发挥市场专业化组织的监督,鼓励包括会计师事务所、律师事务所和公证机构等专业服务机构发挥其专门知识和专业技能,加强相关领域的专业监督,开展相关市场主体信用评级,为政府和公众了解市场主体提供参考。拓宽公众参与社会监督渠道,整合公众举报投诉受理平台,鼓励社会公众通过各种途径进行投诉,完善公众投诉的协调督办、执行办理和交通监督,及时受理并依法处置社会公众的投诉,加大曝光力度,依法公布处理结果,强化舆论监督,将各类市场行为置于全社会的公开监督之下,促进社会共治共管,更好地维护市场秩序。

(3)建立取消、下放和调整行政审批事项的监管制度。对取消的行政审批事项,行政机关不得以任何形式搞变相审批,通过建立后续监管制度,完善监测体系,规范市场主体行为。对下放的行政审批事项,坚持权力责任同步下放、调控和监管同步加强、权力下放与能力建设同步推进,加强对承接部门的业务培训和工作指导,提升基层工作人员依法行政能力和水平,确保规范有序承接下放的审批权限。对调整的行政审批事项,根据不同情况进行处理。对于商事制度改革和投资审批中前置审批改为后置审批的事项,建立部门间协同监管机制,加强"证照联动监管",实现相关部门间审批和监管信息共享,实行"宽进严管"。对转移到行业组织管理的行政审批事项,加强对接收审批事项行业组织的监管力度,规范服务行为,提高服务效率,防止出现变相审批。

二、开拓社会力量管理空间:进一步厘清政府与社会的关系

十八届三中全会全面深入地阐述了"社会治理"的新时期党的执政理念,引导多元力量参与共治、激发社会自身活力是今后推进基层社会治理创新的重要遵循。《中共中央关于全面深化改革若干重大问题的决定》提出:"正确处理政府和社会关系,加快实施政社分开,推进社会组织明确权责、依法自治、发挥作用。"从创新舟山群岛新区行政体制角度来讲,处理好政府与社会的关系,核心就是要秉持"小政府、大社会"的理念,将发展社会组织、培育公民社会上升为一种战略,充分发挥各类社会组织和自治组织功能和作用。这方面浦东新区为我们提供了很好的例子。2006年1月,国内第一个社会公益组织孵化器——上海浦东非营利组织发展中心在新区成立。2008年出台了《关于促进浦东新区社会事业发展的财政扶持意见》,明确以政府购买服务的形式来支持社会组织的发展。截止到2008年,浦东新区已经成立了600多个社会团体及组织,并且这个规模还在不断扩大。浦东新区政府利用这些社会组织承担了大量原本属于政府的职能。如新区的经济法律咨询服务中心、税务咨询事务所、环保科技咨询事务所、报关中心、劳务中心、人才交流中心等社会组织为政府提供咨询媒介,也为人才引进、征地安置、职业介绍等起到了很大的作用。因此,在继续推进新区行政体制改革进程中,要将行政体制改革与创新政府治理现代化体制机制相匹配,引入多方社会力量,充分发挥各种组织、载

体的作用,开拓社会力量参与治理的空间,释放其能量与活力。

(一)积极推进"政社分开"制度实施

"政社分开"是行政体制改革中的重要议题,指通过转变政府职能和创新公共管理模式,把政府行政管理和社会自我管理分开。从行政体制改革角度来看"政社分开",要做到五个"分开",即主体分开、机构分开、场所分开、资产分开、职能分开。"凡公民、法人或者其他组织能够自主决定,市场竞争机制能够有效调节,行业组织或者中介机构能够自律管理的事项,政府都要退出。"①"政社分开"的实质是改革,从浙江舟山群岛新区行政体制改革的路径来看,未来的新区行政架构将是"小政府、大社会""有限政府",只有深化职能转变,切实推进"政社分开",才能进一步激发社会活力,在改革中建构新区政府与社会合作共治的社会协同新局面。"深入推进事业单位分类改革,探索公共服务机构体制改革,积极稳妥推进政府向社会力量购买服务,不新设行使政府行政职能的事业机构,推进公办事业单位与主管部门理顺关系和去行政化,推行生产经营类事业单位转为企业或社会组织,抓好法定机构试点。"②因此,要求将适合社会组织、专业社会工作提供的服务和承接的公共事项交由社会组织、专业社会工作机构或人员承担,支持社会组织积极有序地参与基层社会治理。

(二)建立促进社会组织发展政策体系

实现"政社分开",不是政府退出社会,而是厘清政府职能边界,把政府该管的事管得更好,把其他事情坚决剥离出去,通过建立促进社会组织发展的政策体系,培育发展多种形式的社会组织,推动社会组织积极参与到公共服务和社会管理中来。从舟山群岛新区行政体制创新探索来看,可以着力在以下几方面加以健全。

一是改革登记制度。探索制定舟山群岛新区社会组织直接登记管理相关规定与实施细则,对公共服务类、公益慈善类等公共服务进行直接登记,对直接登记的社会组织的所属领域、服务内容、登记条件、办理流程等进行明确规定,对其他类社会组织实行灵活的备案登记管理。进一步放宽准入、降低门槛、简化程序,重点扶持发展社区生活服务类和公益事业类、慈善互助类、专业调处类社会组织。将原半

---

① 《国务院关于第六批取消和调整行政审批项目的决定》(国发〔2012〕52号)。
② 《中共舟山市委关于全面深化改革构建新区开发开放新体制的若干意见》,载《舟山日报》,2014年1月7日。

官方的中介机构社会化。摆脱中介机构与政府部门的从属关系,割断其与政府和企事业单位的"脐带",实现真正的脱钩。

二是增强孵化支持。设立社会组织发展专项资金,重点培育和优先发展与新区发展密切相关的海洋科技类、对外贸易类、行业商会类、城乡社区服务类等社会组织。

三是注重人才培养。健全社会组织人才、社会工作人才培养政策,将社会组织带头人、专职社会工作师的培养和引导纳入党管人才工作范畴。

四是增强社会支持。发挥工会、共青团、妇联等人民团体的枢纽作用,加强对职工服务类、青年类、妇女类等社会组织的联系、服务和引领。县(区)要积极探索培育、引导枢纽型社会组织发展的有效机制,通过建立和完善社会组织服务中心、社会组织联合会、社会组织发展基金(会)、社会工作师协会等,推动社会组织和专业社会工作在基层社会治理和社区建设中发挥重要作用。

五是加强监管力度。建立直接登记社会组织自律承诺制度,进一步促进社会组织规范从业行为,承担社会责任,提高自律性和诚信度。不断强化对社会组织的依法监管力度,建立健全社会组织自律机制。

(三)完善政府购买社会组织服务制度

我国政府向社会组织购买服务发端于上海,1995年,浦东新区开始尝试政府购买公共服务,浦东新区社会发展局委托上海基督教青年会管理浦东新区罗山市民会馆,这是新时期我国最早探索政府购买公共服务。[①] 政府购买社会组织服务是"政社分开"后弥补部分公共服务和社会管理职能的主要形式,是加快推进社会组织承接政府职能转移的主要抓手。从舟山群岛新区行政体制改革创新探索来看,未来行政体制改革中,逐步从政府职能中剥离出来的部分公共服务和社会管理事项,将通过购买服务的形式来加以实现。因此,完善政府购买社会组织服务制度是行政体制改革推进过程要考虑到的问题。

一是建立政府购买服务公共平台,加大政府购买服务力度,完善购买服务机制、流程和绩效评估办法,鼓励和引导社会组织跨区域承接政府购买服务项目。

二是结合政府职能转变,制订政府购买服务指导目录和承接社区服务的社会组织指导目录,使政府购买服务逐步成为区县和乡镇、街道提供公共服务的重要方

---

① 徐家良,赵挺.政府购买公共服务的现实困境与路径创新:上海的实践[J].中国行政管理,2013(8).

式。通过政府购买服务、项目补贴(公益创投)、项目奖励等途径,对参与社区建设的社会组织和专业社会工作机构、人员给予有力有效的扶持。

三是完善政府向社会组织购买服务的主要形式。各级财政部门依申请向社会组织拨付资金,"费随事转"的定向委托形式,公布项目、专家评审形式,公开招标形式,探索邀请招标、竞争性谈判、单一来源采购等方式。

四是完善政府购买服务审核机制。政府向社会组织购买服务,涉及财政、民政、相关职能部门、审计,以及社会组织等各个方面,需要协调整合,分工明确,合作推进。根据政府购买服务指导目录和承接社区服务的社会组织指导目录,成立政府购买社会组织服务项目计划审议小组,对各级政府、部门提出的购买服务内容、资金进行评估论证、统筹安排。进一步健全社会组织承接政府购买服务信用记录管理机制,加强购买服务合同管理,形成公开公平的竞争机制,完善购买服务项目绩效评估。

第三节　处理好功能区与行政区的关系

目前浙江舟山群岛新区根据建设发展需要,在行政体制改革后已经设立了新城、海洋产业集聚区、普陀山－朱家尖、金塘、六横等经济功能区管委会,为新区管委会的直属机构。从功能区目前运行的实际情况来看,或多或少地还存在着一些问题,尤其是与行政区关系的处理问题。因此,行政区与功能区的协调性是未来完善舟山群岛新区行政管理体制所必须重点考虑的因素。下一步深化新区行政体制改革过程中,要突出经济功能区的开发主体地位,需要紧紧围绕"职能配置合理性",协调好经济功能区和新区管委会的关系;需要紧紧围绕"竞合"主题,协调好经济功能区与县(区)的关系;需要避免经济功能区被管辖内的乡镇(街道)社会建设和管理事务拖累,导致开发功能难以凸显的问题。

一、协调好经济功能区和新区管委会的关系

浙江舟山群岛新区管委会作为浙江省政府的派出机构,其自身存在法律地位问题。而经济功能区作为新区管委会的派出机构,这一体制性质决定了其并不等同于县(区)一级行政区,不能像县(区)政府那样拥有法定的管理权限、获得充分

的法律支持,所以也不可能像县(区)那样全方位承担好经济发展与社会管理职责。为此,随着经济功能区经济和社会各项事业的快速发展,必须围绕职能合理性,理顺其与新区管委会的关系,重点解决好法律地位不确定、法定权限不足、管理环节多、机构编制有限等问题。

(一)解决好功能区管委会的法律地位不确定、法定权限不足问题

目前,我国开发区立法严重滞后,对各种开发区、新区的管理机构(即管委会)的行政主体资格及法律地位尚未做出全国性的法律认定,导致管委会不是一级独立的行政机关,在国家行政序列中没有明确的地位,在实践中产生各种各样的问题。因此,管委会法律地位不确定、法定权限不足是各经济功能区首先面临的一个普遍问题。以浙江舟山群岛新区新城管委会为例,新城只是一个经济开发功能区而不是一级行政区,其体制性质在现行法律和行政法规中找不到明确的依据。虽然根据2013年12月5日浙舟新办发〔2013〕16号文件,新城管委会是浙江省舟山群岛新区管委会的直属机构,负责辖区内的经济社会发展事务,行使市级经济管理权限和县级社会管理职能。但是在行政地位和法律地位上,新城管委会并不等同于县(区)级人民政府,没有县区的全套班子,不能如作为一级政权的县(区)政府那样拥有法定的管理权限、获得充分的法律支持,所以不可能像县(区)那样全方位承担经济发展与社会管理责任。同时,因行政主体资格有争议、行政行为不适格,如以管委会名义进行经济社会全方位管理,会使管委会陷入法律困境。由于浙江舟山群岛新区管委会与舟山市政府是完全对等的"区政合一","两块牌子、一套班子",所以能在一定程度上消除群岛新区管委会的法律困境,而新城管委会与辖内的临城街道级别不同,是不对等的"区政合一",因此难以在现存不对等的"区政合一"框架下解决法定权限不足、社会管理责任难当的问题,只能通过改变现存的行政管理体制的途径来解决。

(二)解决好上级授权难落实、管理环节多问题

作为一种全国普遍现象,开发区地位徘徊于特殊的经济区和一般行政区之间,开发区管委会也不是职权性行政主体,其行政管理权限只能来自授权或委托。但在实际运作中,由于开发区管委会受到地方政府,以及职能部门的多重管理和束缚,对管委会的授权尤其是一些关键权力往往不能到位。许多问题仍需要经过层层审批,影响了管理的效率。从新区金塘管委会、六横管委会等功能区情况看,目前管委会事项向省市申报前仍须经过定海区、普陀区相关职能部门。如国土管理

方面,上述两个功能区的相关事项处理还要与两区分局对接,而区分局又不同于县分局,权限不足,部分事项最终还要转交市局审核,从而增加了不必要的环节。这就需要在深化行政体制改革过程中,务必授权到位、落地,务必减少管理层级,按照"一切有利于功能区发展"的要求,真正赋予经济功能区相对独立的开发建设决策权、人事权和财政权,切实提升功能区开发效率、管理效率和服务效率。

(三)解决好机构编制有限、难以实行精细化社会管理问题

管委会作为地方政府在开发区的派出机构,初设阶段的主要职能是围绕产业发展进行经济管理。但随着开发区经济和社会各项事业的快速发展,区域内的常住居民和流动人口不断增加,辖内的民政、教育、环卫、计划生育等管理职能逐渐需要得到加强,迫切需要功能区更多地承担起社会公共管理职能,从单纯的经济管理向综合社会管理转变。但这需要有相应的体制、机构和人员保障,否则将难以承担起开发建设与社会管理职能的实际需要。以浙江舟山群岛新区新城管委会为例,新城辖区面积为88.9平方千米,下辖1个街道办事处、2个管理处(甬东、勾山),共有16个渔农村社区、33个行政村、7个城市社区,户籍人口7.5万,流动人口约5万。然而,根据2013年12月5日浙舟新办发〔2013〕16号文件,新城管委会内设机构"一部二办四局",共7个内设处室,核定的行政事业职数171名。显然,现有的机构规模难以支撑起县级要求的社会管理职能,更不用说实现精细化社会管理。

二、协调好经济功能区与县(区)的关系

作为新区辖内相对独立的管理主体,各经济功能区和各县(区)在其管辖内都能有效行使各自的行政管理权,从而可能导致基于自身利益在发展中各自为政、盲目竞争和无序开发。因而,如何协调好与所在县(区)的关系成为经济功能区有效运作的关键。目前浙江舟山群岛新区设有五个经济功能区管委会,为新区管委会的直属机构。其中金塘、六横两个经济功能区分别委托定海与普陀两区管理。这样就产生了这两个由县(区)托管的功能区既作为新区直属机构受市领导,又实质上作为被托管单位受所在县(区)领导的现象。为进一步突出经济功能区管委会在开发建设中的主导职能和主体地位,下一步必须围绕经济功能区的特色功能和发展阶段需要,妥善处理好经济功能区与县(区)的关系。

(一)解决好妥善放权问题

向功能区放权是大势所趋,但前提是功能区有能力履行上级政府下放的权力。

各经济功能区普遍反映,市、区相关权限下放后,总体上有利于加快功能区发展。但目前功能区的人员数量、结构、素质等与事权的全面承接还有很大差距,尤其是专业人员严重缺乏,再加上市、区部分单位又未及时派人驻点帮助或加强业务指导,导致功能区无法有效承接事权。为此,今后要做到渐进放权、量力放权、妥善放权。

(二)解决好多头领导管理问题

功能区双重管理体制下,如何避免多头考核,这也是个需要解决的问题。从新区金塘管委会、六横管委会等功能区调研情况来看,日常工作运行中功能区与两区还存在双重领导、双重考核、多头汇报的现象,管理边界不清问题突出。如有时就某一事项,市、区对功能区分别下达指标、检查、考核,功能区忙于应付。有时管委会、镇要同时参加市里会议,有些会议市、区分别开,两者又都要参加。部分区属职能部门仅把功能区管委会当作乡镇,在制定出台相关政策时没有充分考虑金塘、六横的特殊体制,也不征求功能区的意见。这些现象都需要下一步深化行政体制改革中加以克服。

(三)要解决好财权事权不匹配问题

如何解决好财权事权问题是由县(区)托管的功能区需要与所在县(区)协调处理的一个重要问题。突出地表现为功能区财权不足、财权事权不统一。以金塘管委会为例,按照现行财政体制,金塘管委会财政由定海区实行财政体制单列管理,但总体上结算体制与白泉镇等其他定海区的乡镇差别不大,收入口径按照70%进行结算,剩余30%部分(2014年为6000万元)进入市区财政体制分成(五五分成),不作为金塘收入。随着金塘收入规模的逐年扩大,该30%部分越来越大,而金塘的刚性支出和开发建设项目也越来越多,收支缺口将越来越大,财力会日趋紧张。随着市区各职能管理权限下放,功能区管委会承担的经济社会管理职责增多,财权与事权不匹配问题亟待解决。

三、协调好经济功能区与乡镇(街道)的关系

随着新区发展,需要重点围绕优化乡镇(街道)社会管理和公共服务职能这一核心,立足现实,着眼长远,不断协调好经济功能区与乡镇(街道)两者的关系。

(一)明确乡镇(街道)职能定位

围绕"权责明晰、协同有序、精干高效、民主法治"目标要求,乡镇党委、街道党

工委在辖区社会治理中要发挥领导核心作用,乡镇政府、街道办事处依法行使相应的政府服务管理职能,充分发挥各级党代表、人大代表、政协会员推进基层社会治理和社区建设的积极作用,以切实加强和巩固城乡基层政权建设。探索乡镇、街道党政工作机构设置综合、管理扁平高效、运作机制灵活的新型基层政府管理架构,切实推动乡镇、街道将工作重心转移到加强党的建设和统筹社区建设、组织公共服务、指导群众自治、动员社会参与、加强公共管理、维护社区平安等社会治理工作上来。整合管理资源和力量,重点推进违法建筑、违法用地、违规种养、非法营运、无序设摊、群组、环境污染等严重影响群众生产生活顽症问题的治理。加强对农村集体资产、资金、资源的监管。进一步深化乡镇、街道党务、政务公开,通过协商民主、绩效评估、跟踪问责等工作机制,保障群众知情权、参与权和监督权,不断提升乡镇(街道)科学施政、民主施政、依法施政水平。

(二)理顺条块关系

按照新区行政体制创新要求,坚持"权责统一、相对集中"和"应放能放"原则,做到工作重心下沉、管理权限下放,赋予乡镇(街道)规划参与权和综合管理权,赋予乡镇(街道)对区域内事关群众利益的重大决策和重大项目建设的建议权。实行市、县(区)部门职责下沉乡镇(街道)的准入制度,科学界定乡镇设置规模,按照"分类赋权、分类施策"原则,实行乡镇差别化管理,推动执法管理力量和公共服务资源向城乡接合部、大型居住社区、人口集中导入地区倾斜。加快产城融合,形成产业大镇与镇城开发区良性互动、协同合作机制,切实做好各类经济开发地区的社区化服务管理。

(三)优化乡镇(街道)机构设置

按照精简、统一、高效的原则,着眼于面向基层、面向群众、优化服务,积极推进乡镇(街道)内设机构的职能整合和功能优化。加大国土、港航等部分派驻机构的整合力度,加强对部门派驻机构的刚性调控,市、县(区)部门派驻乡镇(街道)机构的干部,原则上纳入乡镇(街道)日常管理和考核,机构负责人的任免未经乡镇(街道)党(工)委同意,不得任免。坚持以乡镇(街道)社会服务管理中心为龙头,着力打造集社会管理、维护稳定、平安建设、公共服务功能于一体的实体化运作平台,完善乡镇(街道)综治工作平台、市场监管平台、综合执法平台、便民服务平台。按照职能综合、半径合理、集约高效的原则,抓好社区便民服务站建设,并有效整合政府公共服务、社会公益服务和群众自我服务资源,强化社区服务职能。

第四节　处理好改革创新与法治保障的关系

行政体制是政治体制的重要组成部分,是党领导现代化建设,推进经济、社会、文化、生态文明发展的治权体系,是实现国家有效治理的执行机制,也是有政府治理意义上落实依法治国的战略方略。①"在法治国家、法治政府和法治社会的基础上建设服务型政府,使法治政府与服务型政府建设紧密结合,是新时期行政体制改革的重要特点。"②

作为国家级新区,要将法治政府和服务型政府共同成为推进行政体制改革的共同目标,以法治保障和促进国家战略与体制改革的顺利实施、持续推进。从这个意义上来说,新区行政体制改革的过程,就是根植法治新区理念、贯彻法治新区方式的过程。因此,舟山群岛新区未来的行政体制改革,必须处理好改革创新与法治保障的关系,将法治政府与服务型政府建设紧密结合,不断深化和拓展新区行政体制的目标和方向。既要以改革创新来完善法治,也要以法治来保证改革创新的正确方向。

一、以法治创新行政管理方式

创新行政管理方式是新区管理体制改革的重要内容。建设法治政府就是要将政府的管理方式从权力主导向法治主导转变、从全能包揽向有限有为转变,整合政府管理资源,创新行政方式方法。

(一)创新政府管理机制

建设法治新区的关键在于控制规范行政权,转变政府职能,真正做到有限有为。当前,新区应当先行先试,借鉴其他国家级新区发展经验,优化政府机构设置、职能配置,厘清政府部门职责,优化行政管理体制,确保政府职能正确履行,优化行政管理体制,确保政府职能正确履行。进一步健全部门"权力清单"制度相关的配套制度,全面统筹推进相关领域工作。系统推进行政审批制度改革和政府转型,优

---

①　王浦劬.论新时期深化行政体制改革的基本特点[J].中国行政管理,2010(2).
②　王浦劬.论新时期深化行政体制改革的基本特点[J].中国行政管理,2010(2).

化发展环境。深化社区、社会组织、社工为主体的"三社"领域改革,加快构建社会多元治理格局,激发社会治理活力。

(二)创新行政执法方式

新区综合执法改革的实践表明,改革在不同程度上解决了现行执法体制存在的问题,取得了明显成效,符合改革的方向,应继续推进完善改革。总的思路是,将综合执法放到深化行政体制改革和建设法治政府的大背景下,深化行政执法体制改革,开展部门执法队伍清理整顿和调整归并,减少执法层次,下移执法重心。着力解决执法不作为问题,努力做到管理与服务并重、处置与疏导结合、处罚与教育并举,全面开展行政指导,逐步推广柔性执法方式。健全行政处罚裁量基准制度,进一步探索行政许可等裁量基准制度,深入推进行政执法责任制的落实。

(三)探索建立权威的行政执法协调机构

围绕当前行政管理中的重难点问题,建立行政执法协调机制,协调处理行政执法部门间的行政执法争议,着力解决交叉执法、重复执法、不作为等问题,杜绝监管盲区和死角,提升执法效能。明确协调主体、职责、权限、任务和责任,建立和完善行政执法协调网络,制定统一的行政执法协调规则和程序,并在此基础上,形成包括各级政府及其所属部门的具体行政执法协调规则和程序在内的制度体系。重点是要完善行政执法信息与资源共享、行政协助等执法保障制度。

二、以法治完善行政管理运行机制

行政体制改革创新是全社会的共同责任。政府既是行政体制改革的主体,又是行政体制创新的组织者、推动者。行政体制与部门机构设置规定的职责权配置,都需要通过运行机制才能发挥作用。因此,新区需要按照法治政府的本质要求,在行政管理体制改革的设计和推进中,不断优化行政运行机制、提升行政效能,从决策、执行、监督三个环节进一步完善新区层面的运行机制建设,确保在法律和制度的框架内运行。可以"在局部大胆试行决策、执行、监督三权相对分离相互制约的新模式,实行高效的扁平化管理,建立与新区建设发展相适应的,与行政区域相协调的行政管理体制。"①

---

① 参考舟山市政府法制办《关于舟山群岛新区率先建成法治政府的报告》。

（一）完善政府决策机制

一是进一步完善重大决策制度和机制。随着新区行政体制改革的深化,政府决策咨询法制化应引起高度重视。当前,要落实新制定的《浙江省重大行政决策程序规定》,认真落实公众参与、专家论证、风险评估、合法性审查、集体讨论决定的重大行政决策法定程序,并全程留痕。鉴于当前新区决策制度中意见征求、采纳两个环节操作性差,决策随意性大,因此,需要完善公众参与和专家论证两个环节的操作规程和保障机制,尤其要明确专家及听证人员的遴选条件、公众参与方式、采纳意见的程序等方面。二是实施决策经济效益分析和社会风险评估。在重大行政决策方面进一步强化合法性前置审查,同时进行经济效益分析和社会风险评估,实现决策的科学合理性。三是探索建立与民生关系密切的特别重大的决策实施过程跟踪反馈制度。实施中适时由决策实施部门评估、专家评议、社会公众特别是管理相对人评价相结合的办法,根据评估结果决定是否调整或者停止执行决策。对于决策过错造成重大损失的,按照谁决策谁负责的原则依法依纪追究责任。

（二）加强行政执法程序建设

健全行政权力公开运行机制,建立权力清单公示制度,规范行政执法权力运行流程。规范行政执法程序,细化执法流程和环节,完善行政执法证据规则和行政裁量基准制度。创新行政执法方式,全面推行行政指导、说理式执法等执法方式。推进公众参与执法、执法结果公开公示,健全阳光执法制度。进一步加强行政执法人员管理,合理设置执法岗位,优化执法人员结构,增强执法人员政治素质和业务素质,切实提高执法能力和水平。严格执法经费管理,切实执行"收支二条线"规定,实行行政执法所需经费纳入同级财政预算。加强行政执法监督,完善行政执法内部监督机制,强化法制监督权威,全面落实行政执法责任制、行政执法过错责任追究制,深入开展专项执法检查和案件评查工作,完善行政执法投诉处理机制,建立社会公众评议制度,促进行政执法作风根本好转。健全行政执法与刑事司法衔接工作机制,建立衔接工作联席会议制度,落实衔接工作责任。

（三）创新行政权力监督

行政监督和问责是法治政府建设最有效的抓手,却也是最缺失的环节,因此,要特别注重行政体制改革中的行政权力监督设计。当前,应着力创新监督工作方式方法,探索建立制度化、常态化、可持续、具实效的行政执法监督工作机制。一是探索建立健全政府组织领导、政府法制机构具体负责的行政执法专项监督(含个案监督)工作机制,组织开展重点领域的行政执法专项监督。二是探索建立健全以特邀行政执法监督员为主要形式的社会参与行政执法监督工作机制。三是探索建立健全政府法制监督与检察监督、行政监察等协作工作机制。"把人大监督、纪委(监察局)监督、政协民主监督、审计部门等行政机关内部监督、新闻舆论监督和群众监督等监督职能整合起来,探索建立监督委员会,实行五位一体联合监督,与统一的行政投诉受理平台联动开展工作,监督委员会下按不同领域设立若干监督组负责对投诉事项的查处,并聘请法律等相关领域的专家组成顾问组,对疑难的案件进行论证定性,然后提交监督委员会研究决定;最后统一以纪委(监察局)名义做出处理。"①

三、以法治保障行政体制改革成果

法治是改革的保障,新区行政体制改革必须在依法行政的框架中进行,运用法治思维、法治方式,解决好改革创新与法治保障的冲突。

(一)积极争取立法支持,引领保障改革成果

准确把握改革与法治的关系,坚持在法治下推进改革、在改革中完善法治,实现立法和改革决策相衔接,做到重大改革于法有据、立法主动适应新区改革需要。《浙江舟山群岛新区发展规划》明确提出"为我国海洋经济科学发展积累经验、提供示范""先行先试""赋予舟山群岛新区省级经济社会管理权限",在推进行政管理体制改革进程中,要积极推动地方立法工作,为行政体制改革提供长远的法律依据。当前新区应加强立法支持,引领保障改革发展。一方面,将市场监管执法改革、海洋综合执法改革中的创新实践、成功经验和政策以立法的形式固定下来,形成可以推广借鉴的改革经验,以更好地巩固改革成果、扩大改革效应。另一方面,针对各功能区管委会行政主体地位、市场监管局执法主体、海洋综合执法改革创新,以及海洋、海岛的保护开发等现实问题,积极谋划行政主体、执法主体管理体制方面的立法工作,加强完善行政体制机制、规范行政行为等方面的立法。

在深化改革精神指引下,应立法先行,让深化行政体制改革处于法治的轨道上进行。比如,积极争取出台《浙江舟山群岛新区条例》,在立法条款中明确可以探

---

① 参考舟山市政府法制办《关于舟山群岛新区率先建成法治政府的报告》。

索引入法定机构机制。"新加坡、香港特区都建立了法定机构,主要履行经济发展、基础设施建设和公共服务、行政管理和咨询等职责。其性质类似于事业单位,但与事业单位相比,又具有运作独立、企业管治、机制灵活和公开透明等特点,能够在政府行政职能增加的情况下保证政府机构精简。目前,我国对事业单位严格实行分类管理,中央规定承担行政职能的事业单位要有国家法律法规明确授权,并参照公务员法管理,没有授权的要按照'还政予政'的要求进行清理;同时,不得再批准设立行使行政职能的事业单位。另一方面,随着经济社会的发展,各级政府面临的工作任务越来越重,机构和人员编制膨胀的压力很大。对此,去年广东省已经在部分省属事业单位和广州、深圳、珠海市开展法定机构试点工作。舟山群岛新区作为海洋经济发展的先导区和海洋综合开发试验区,需要大力创新体制机制,为我国海洋综合开发体制改革探索经验。同时,随着新区开发建设的不断推进和政府的社会管理、公共服务日益加重,也要求积极探索进一步转变政府职能和破解行使行政职能事业单位未来发展的难题。因此,可以考虑借鉴新加坡、香港特区经验和广东省的做法,按照先行先试的原则,引入法定机构机制。在事业单位分类改革的基础上,选择承担特定公共管理和公共服务职能的机构进行试点,允许以地方特定立法或政府规章形式明确其法定机构的地位和职责任务、治理模式、监督机制等,合理界定政府、相关主管部门与法定机构之间的关系,规范财务管理,建立政府依法监管、单位独立运作、有别于传统事业单位的法定机构管理模式,确保公共服务管理目标的实现。"①

(二)推动法治政府建设,构建行政体制改革良序

法治政府既是有限有为的政府,更是高效便民的政府。法治政府建设与行政体制改革休戚相关。建设法治政府,实现依法管理经济和社会事务,为推进行政管理体制改革构建良好秩序。要加快建设职能科学、权责明确、执法严明、公正廉洁、高效诚信的法治政府。积极应对大幅度增长的行政应诉案件,规范行政调解工作。切实提高行政复议、行政调解的公信力,维护社会公平正义。加强政府法制队伍建设,以行政管理体制改革为契机,加强基层政府法制机构建设,提高法制培训的实效性,进一步提高政府法制机构履职能力。

---

① 参考浙江省机构编制委员会办公室课题组《舟山群岛新区行政管理体制创新研究》报告。

（三）以法治思维和方式推进行政体制改革

党的十八大报告明确提出提高领导干部运用法治思维和法治方式深化改革、推动发展、化解矛盾、维护稳定的能力。习近平总书记在 2014 年 2 月 28 日主持召开中央全面深化改革领导小组第二次会议并发表重要讲话时强调，"凡属重大改革都要于法有据"，"在整个改革过程中，都要高度重视运用法治思维和法治方式，发挥法治的引领和推动作用，加强对相关立法工作的协调，确保在法治轨道上推进改革。"①这就要求，在创新新区行政体制、促进新区科学发展的过程中，不仅要有领导思维、管理思维，更要始终坚持运用法治思维和法治方式，严格按照国家法律规定、国务院相关部门和省委、省政府出台的相关政策、文件为依据有序开展各项改革工作。

第五节　处理好改革推进落实和激发干部活力的关系

干部是新区建设的宝贵财富和中坚力量，是行政体制改革的组织者、实施者和参与者，是创新新区行政体制的关键。相比较其他国家级新区，舟山群岛新区在推进行政体制改革、建设"四干"干部队伍、集聚高层次干部人才等过程中，较早地碰到了干部人事方面的体制机制障碍，以及干部队伍建设活力激发问题。因此，必须在现有探索的基础上，充分发挥先行先试的政策优势，以"四干型"干部队伍建设为支撑，积极探索有效激发干部活力的新路子，处理好改革推进落实和激发干部活力的关系，使广大干部自觉地做改革的促进派，主动做改革的践行者，使得行政体制改革的推进与干部活力激发相得益彰、齐头并进。

一、创新干部选拔任用机制

作为"全域型"新区，舟山群岛新区行政体制改革创新过程中涉及机构精简、职能整合、功能区建设等一系列举措，这造成了新区新设功能平台、综合部门的"选人难"问题，出现了机构撤并中的干部"消化难"问题，也给新区发展干部主体带来了一定的"不适应"问题。针对改革后出现的，以及未来进一步深化行政体制改革

---

① 《习近平主持召开中央全面深化改革领导小组第二次会议》，中央政府门户网站，2014 年 2 月 28 日。

中出现的"动力缺乏"困境问题,需要坚持正确的用人导向,不断改进和完善干部选拔任用办法,不断拓宽选人用人渠道,不断改进选人用人方式,以改革创新精神探索形成科学规范、充满活力的选人用人机制,为新区行政体制创新提供持续、坚强的干部保障。

(一)注重两个导向

第一,坚持基层一线选人用人导向。舟山群岛新区发展的主阵地、主战场在重大工程、重大项目、重大平台一线,以及乡镇(街道)基层。一线和基层干部直接服务发展、面对群众,条件艰苦、情况复杂,但也是培养培养锻炼、考察识别干部的主阵地,基层和一线干部理应成为提拔重用的主对象。在未来行政体制改革中,干部选用要更加突出"基层一线"来源,激发干部人才向基层流动,有力激发干部活力。

第二,坚持实绩标准选人用人导向。注重以实绩标准选人用人,坚持实绩晋升原则,凭实绩看德才、以德才用干部,积极推行竞绩择才选人用人方式。提倡用成果说话,用项目的建成和地方的发展变化来说话。对在新区建设实践中经受考验、表现突出、实绩明显的,在环境复杂、条件艰苦、工作基础差的地区或单位中有优秀表现的干部,及时予以提拔,切实做到干好与干坏不一样。将考绩结果作为干部选拔任用提名的重要依据,进一步改进和完善干部初始提名办法,县(处)级干部初始提名人选优先从考绩优秀的干部中产生。对综合素质好、实绩突出、群众公认的优秀干部,优先提拔使用。同时,积极引导干部在实干、实绩上竞争,探索推行正职人选"论绩竞职、凭绩上岗","试岗比选""试岗任职"和副职人选"亮绩选才""项目招才"等选拔方式,试行"事业平台不定级、干出业绩升一级"适岗比选办法,真正把能力强的干部"比"出来、把新区建设急需的干部"选"出来。①

(二)把握三层关系

第一,正确把握"立足当前"与"谋划长远"的关系。新区干部工作必须与新区战略目标任务相适应,做到远近结合,统筹谋划。"立足当前",就是围绕新区三年行动计划和行政体制创新,以建立完善破解制约新区开发建设的选人用人机制为重点,拓展选入用人渠道,创新选拔任用方式,积极稳妥有序开展干部选拔调整工作,促进干部资源的合理配置和集约使用。"谋划长远",就是紧紧围绕新区发展规划和"三步走"战略,着眼未来,抓住干部人才培养开发、发现评价、选拔使用、激

---

① 参考中共舟山市委组织部《新区背景下干部人才保障问题研究》报告。

励保障等关键节点,深化干部人事制度改革,着力建设一支数量充足、能力突出、结构合理,与国家战略相匹配的新区干部人才队伍。①

第二,正确把握"引进干部"与"现有干部"的关系。引进干部与现有干部人才都是新区建设不可或缺的重要力量。在新区建设中,既要注重引导现有干部人才树立"舍我其谁、用我必胜"的豪情壮志,发挥他们的骨干作用;更要注重引进和发挥外来干部人才的重要作用,在发挥"百人计划"、国家部委办局挂职人才作用的同时,必须针对新区建设的任务和要求,加大面向全国、全球开展紧缺型、专业型、高层次干部人才选拔工作,尤其对一些新区建设的新领域、新平台、新产业,要针对性地引进高层次人才来发挥支撑和引领作用,努力形成人才辈出、人尽其才的生动局面。②

第三,正确把握干部"能上"与"能下"的关系。在新区建设中,既要激励干部"能上",创造干部"上"的途径,又要大力推进干部"能下",畅通干部"下"的渠道,努力形成优胜劣汰的竞争择优机制,保持干部队伍生机与活力。长期以来,干部政治生涯中,"只能上不能下"似乎已成惯例,"下"成了干部任职制度改革过程中难啃的"硬骨头"。以改革创新的精神贯彻中央、省委要求推进领导干部能上能下,让干部"能下"成为常态,已经成为新区深化干部任职制度改革的必然要求,成为重构政治生态的现实需要,成为激发干部活力的重要法宝。干部能上能下,重点是解决干部能下的问题,着力解决为官不正、为官不为、为官乱为等问题,推动形成能者上、庸者下、劣者汰的用人导向和从政环境③,始终保持干部队伍生机与活力。

(三)突出四个重点

一是突出新区行政体制创新保障。对行政体制改革进程中因为机构调整、职能转变等问题引起的难点问题、突出问题采取更加有效的措施着力破解。

二是突出新区重点工作保障。围绕新区战略发展目标和重点产业、重点领域、重点工程,保障新区重点工作选配干部、锻炼干部、考核干部,使各方面优秀干部充分涌现,选派一批优秀干部人才到新区建设主战场,攻坚克难、破解难题,帮助推进工作。

---

① 参考中共舟山市委组织部《弘扬四干精神 发挥组织优势 为加快推进新区建设提供坚强保证》报告。
② 参考中共舟山市委组织部《新区背景下干部人才保障问题研究》报告。
③ 《推进领导干部能上能下若干规定(试行)》,人民网,2015 年 7 月 29 日。

三是突出"狮子型"干部培养选拔。结合新区行政体制创新,培养和挖掘一批政治过硬、能驾驭全局、敢抓敢管、勇往直前、富有团队精神和实绩突出、各方面起表率作用的"狮子型"领导干部。注重把"狮子型"干部选配到新区建设一线部门和重要功能区平台的"一把手"岗位上来,引领带动和强力推进新区建设。同时,对服从大局、任劳任怨、埋头苦干、默默奉献的"老黄牛"干部,要继续予以重用。

四是突出"开放式"选人用人。着眼新区当前需要和长远发展,打破地域、身份、地域、身份等限制,面向全国、全球开展紧缺型、专业型、高层次干部人才选拔工作,多形式多、渠道选拔干部人才。促进外来干部与本地干部人才的相互融合和共同提高,发挥"鲶鱼效应"。着力疏通党政机关、企事业单位干部交流的渠道,破除各种体制性障碍,推动跨部门的交流和竞岗,促使不同体制间选人的良性贯通。变用人单位的"内循环""小循环"为新区乃至全国的"大循环"。

二、健全干部教育培养机制

国家级新区承担的特殊国家战略使命,以及长远、艰巨的发展目标任务,都对行政体制改革中的干部问题提出了更高的要求。舟山群岛新区作为我国首个以海洋经济发展为题的国家级新区,承载着推进实施海洋强国战略的重任,但从目前情况看,舟山群岛新区还存在着战略定位高水准与现状条件低起点的落差、特质资源禀赋充分领先与综合基础相对滞后的落差。在这样一个现状条件、综合基础相对薄弱的地级海岛市起点上,推进国家战略层面新区建设,实现"三大定位、五大目标"的战略任务,对行政体制改革创新,以及负责具体推进落实的干部提出了包括信念、理念、能力素质等一系列新的要求,迫切需要健全干部教育培养机制。

一是加强新区干部理想信念教育。教育引导各级干部坚定政治信仰、政治立场,自觉与中央、省委、新区党工委(市委)合心合拍合力。注重在推进新区建设、破解发展难题、实施体制创新等重要关头考验干部政治定力、政治觉悟。突出党性和从政道德教育,引导干部强化勇担新区建设的责任和使命,增强新区自信,提升实现"新区梦"的信心和信念,增强新区建设的责任意识和主体意识。

二是加强新区干部法治理念教育。改革是法治的动力,法治是改革的保障,在创新行政体制改革探索中,要紧紧抓住行政体制改革干部主体的法治理念、法治思维和法治能力教育培养,做到干部落实改革成果推进体制改革"于法有据",依法推进。

三是提升新区干部综合能力素质。进一步健全教育培养机制，遵循干部成长规律，围绕新区建设中心工作开展大规模新区干部专题培训。新区干部教育培训要以问题为导向，以组织需求为核心，兼顾岗位需求与个人需求，突出全方位、多层次、"螺旋式"，科学设置培训课程，创新培训方式，开展具有实效的教育培训。开展新区建设系列专题培训班，比如江海联运服务中心建设、自由贸易港区建设、经济功能区开发、海洋新兴产业发展等，着力提高领导干部服务新区建设的专业能力。注重训用结合，建立与"四干"型新区干部建设相契合的述学、评学、考学制度，建立完善的干部教育培训档案，坚持"绩优者优训、优训者优用"，把干部参加学习培训的效果作为干部任职、晋升的重要依据之一，从制度上保证干部重视学习的积极性。

四是加大新区结构性干部培养力度。建立健全多渠道、多层次的实践锻炼机制。着眼长远，发掘潜力，开展结构性干部专题分析和针对性培养，按照"具体到人、一人一策"的思路，制定专门培养措施和使用方向。坚持在实践中培养锻炼干部，有计划地选派优秀干部到相关地区和岗位接受锻炼。按照"内外结合、定向挂职"的思路，选派干部到国家部委、省级部门和其他国家级新区进行挂职，选派干部到任务繁重、条件艰苦的重点项目、重要平台、信访维稳、功能区和基层管理一线锤炼，尤其要把优秀的年轻干部放到新区建设最前线、矛盾冲突最前沿、环境条件最艰苦的地方摔打磨炼，砥砺品质、增长本领。积极推行市属单位与基层一线干部轮岗交流机制，既促进各类干部人才向新区建设一线集聚，也能加强干部的多岗位锻炼，培养复合型干部人才。①

三、完善干部考评激励机制

考核激励机制是激发干部干事创业的重要驱动力。完善的干部考评激励机制是有效激发干部活力的有效手段。在舟山群岛新区行政体制改革机制设计上，应着眼于激发干部内生动力，健全和完善符合新区发展实际与新区行政体制改革趋势的干部考评激励机制。

（一）突出实绩考核，建立差异化管理个性考核机制

现行干部考核办法存在着指标不清、程序过多、重点不明等问题，尤其是对干

---

① 参考中共舟山市委组织部《新区背景下干部人才保障问题研究》报告。

部实绩的考核中横向可比性不强,同一部门工作职能目标的设计科学性不高,最终导致考核结果说服力不强,这与新区行政体制改革创新要求有较大差距。随着舟山群岛新区行政体制创新实践的不断深入,需要根据新区不同发展阶段的行政体制特点,紧扣该阶段新区发展建设主题,建立突出实绩、差异化管理、个性化考核指标体系,完善相应考核评价机制。

一是突出实绩考核机制。围绕新区建设中心工作,进一步细化各县(区)、功能区、各部门工作职责和职能目标,将目标责任履职情况和年度重点工作完成情况作为考核主要内容,进一步提高绩效考核比例。把实绩考核贯穿于干部日常考察之中,既重视考核干部"显绩",又注重考核干部在解决复杂问题、注重长远发展、加强党的建设等方面的"潜绩""隐绩",进一步形成促进新区科学发展的导向。①

二是建立一线考察制度。围绕市委、市政府中心工作和新区建设重点项目,实行重大工作跟踪考察和即时考察办法。通过日常现场考察、实绩分析、查看日志等方式,了解项目进展和工作成效,全面掌握干部在落实重点工作目标、推进重大事项、处理突发事件中的政治品德、工作作风、能力素质和工作绩效等现实表现,及时掌握干部在推进重点工作、对接政策落地中的现实表现,切实提高干部考察评价的准确性。

三是建立"差异化管理、个性化考核"机制。在坚持抓好共性考核的基础上,因地制宜、因人而异,突出特色、突出个性,对不同区域、不同职能的地方和单位,出不同的"考卷",制定差异化的绩效考核评价表,打破地方、部门单位考核"一刀切"的做法。比如对于区域而言,要突出战略目标和功能布局,对工业发展、渔业建设、旅游开发、生态保护、港航物流等各功能区域的考核要各有侧重,设定不同的"个性化考核"指标,不能简单以某一方面指标作为考核标准。比如对于部门,承担市委市政府重点工作任务的单位和未承担市委市政府重点工作任务的单位,应该推行分类管理、差别管理,做到"负重者重点考、负重者能远行"。同时,在领导干部层面,也要根据地域、职能和级别不同,相对应地制定个性化考核机制,实施精细化管理。②

(二)推进督考结合,改进干部综合考核方式

围绕市委、市政府和新区重点工作和部门工作职能,推行督查与考核相结合,

① 参考中共舟山市委组织部《新区背景下干部人才保障问题研究》报告。
② 参考中共舟山市委组织部《弘扬四干精神 发挥组织优势 为加快推进新区建设提供坚强保证》报告。

日常考察与年度考核相结合、定量分析与定性评价相结合,积极推行一线考察制度、重大项目跟踪考察制度和领导班子定期分析研判制度,探索建立"干部情况动态台账""干部实绩档案"等,及时了解掌握领导干部的动态。加强平时考核和专项考核,经常性了解干部日常表现,注重在重大关头、关键时刻考察和识别干部。加强对各级领导班子特别是新区建设一线部门、县(区)和重点功能区块领导班子运行状况的研究和分析,通过走访了解、谈心谈话和干部考察等途径掌握各级班子的工作动态和运行状况,全面及时掌握干部现实表现。按季分析,实时调整,及时解决班子建设存在的突出问题。坚持班子综合考核与干部量化考核相结合,合理划分市直单位、县(区)和各功能区块,实行分层分类考核,实现工作考核、干部考核、勤廉考核、民主评价、结果运用"五位一体"。进一步完善民意调查、实绩分析和德的考察等方法,将干部的平时考核、年度考核和任职考察有机衔接,全面准确地评价干部,努力考准考实干部。① 完善综合考评体系,深化分层分类考核,建立"实绩考核 + 民主测评、社会化评价、职能部门评分"的综合考评办法。

(三)强调结果运用,健全干部约束机制

强化考核结果运用,把考评结果作为领导班子调整和领导干部任用、奖惩、职务升降、培训等重要依据,做到赏罚分明,着力解决新区干部工作上苦乐不均的问题。

一是坚持从严管理干部。把"三严三实"的要求贯穿到从严管理干部的全过程,坚持以严的标准要求干部、以严的措施管理干部、以严的纪律约束干部。健全群众路线教育实践活动长效机制,完善经常性的谈心谈话、约谈访谈制度,推进民主生活会、组织生活会的长效化、规范化,不断严肃党内政治生活。

二是健全干部抓落实的督查督办机制。开展重点事项全程督查、紧急事项即时督查、日常事项定期督查,对重要督查情况进行公开通报,引导干部狠抓工作落实。健全治庸、治懒、治散的工作机制,对在重点工作推进过程中表现出责任心不强、反应迟缓、措施不实、工作不力的干部,根据不同情况进行问责惩处、促进整改提升。

三是推进干部"能上能下"制度落实。以中央实施《推进领导干部能上能下

---

① 参考中共舟山市委组织部《新区背景下干部人才保障问题研究》报告。

若干规定（试行）》为契机，在激励干部"能上"的同时，大力推进干部"能下"工作常态化、制度化。第一，调整不称职干部。对状态不佳、缺少激情的干部进行警示诫勉。让那些在重大改革、重大项目推进过程中执行不力、造成重大损失或恶劣影响的；在考核中被认定为不称职等次；或在被认定为基本称职等次、经诫勉谈话后效果仍不明显的；或不胜任、影响工作大局的干部给予组织调整，让那些不作为、慢作为、乱作为的干部"下"，无实绩、实绩差的干部"下"。第二，实行工作实绩末位淘汰制。由于履行职责不到位、工作任务不落实，单位在党委、政府年度工作实绩考核或综合考核中排名位居后列，或在定期督查、专项考核中排名位居后列，或因某项工作被"一票否决"，负有主要领导责任或直接责任的；或领导干部在年度综合考核中分值排名位居后列的，予以诫勉谈话。连续两年（次）排名位居后列或连续两年因同一项工作被"一票否决"的，给予组织调整。第三，落实问责制。对因工作失职、监管不力、滥用职权、群体性突发事件处置不当、违反干部选拔任用工作有关规定等，造成重大损失或恶劣影响的干部，按照党政领导干部问责有关规定追究其责任。对违反中央关于改进工作作风、密切联系群众相关规定的，按照有关规定坚决进行问责。第四，畅通不适宜担任现职干部退出渠道。对领导能力有欠缺、人岗不相适的干部，虽无明显过错但工作长期打不开局面的干部，采取平职交流、改任非领导职务、离岗或提前退休等调整方式。对存在问题较为突出、造成较大负面影响的干部，采取停职、免职、引咎辞职、责令辞职、降职等调整方式。对拒不服从组织调整的干部，给予免职并按有关规定予以纪律处分。

（四）注重关爱关怀，健全干部激励机制

在新区体制创新中，要容许干部"试错"，通过灵活的机制设计弥补制度的"生硬"，促进干部干事创业热情。

（1）支持和保护敢于担当的干部。完善德的双向测评制度，突出对坚持原则、敢于担当情况的了解，鼓励探索、支持创新、宽容失误。旗帜鲜明的保护想干事、不怕得罪人的干部，为他们撑腰鼓劲，尤其是在要积极争取出台新区条例等立法中拟定允许改革创新失败的免责规定。加强对民主推荐结果的综合比较分析，防止简单以票取人，公正对待坚持原则、敢于担当的干部。通过这些方式，提升干部敢于担当、善于担当的精气神。

（2）完善干部关爱保障机制。实行干部职务与职级并行制度，按照干部工作年限、资历和能力的差别,赋予差别化的职级工资。健全谈心谈话、约谈访谈等制度,对干部反映的困难、问题和合理要求及时研究反馈。对长期在基层和边远地区工作的干部,长期担任乡镇党政主要领导的干部,实行工资福利倾斜政策,适当提高基层干部福利待遇和各类评优指标,并多给培训与深造机会。特别要关注长期在新区建设一线、扎根偏远艰苦海岛的干部,帮助解决工作、生活等实际困难,让干部安心工作。认真落实体检制度,建立干部健康档案,开展心理咨询和辅导,及时疏导干部身心压力。

(3)创新干部综合激励举措。一是广泛开展"四干"型干部评选工作。重点对在破解发展瓶颈、推进重大项目、完成重点工作中涌现出来的一批敢于担当、克难攻坚的好干部,建议列出专项奖励资金,予以表彰和重奖。二是探索实施功能区重点岗位绩效与薪酬相挂钩的激励机制。在功能区,选择部分重点岗位,建立以岗位管理为核心的人事管理体系,实行干部岗位实绩与工作绩效相结合的考核激励机制,引导广大干部在新区建设一线拼干劲、比实绩。[1] 三是着力破解基层干部"天花板"现象。通过"内部盘活、外部引进"的方式,解决基层"四干"型干部任职"天花板"问题,增强基层干部队伍整体活力。注重从经过乡镇(街道)基层、功能区一线岗位锻炼,群众公认的干部中选拔县(区)、功能区领导班子成员。探索打通基层干部身份转换通道。采取措施让"非公务员"身份干部"干事有劲头、前途有盼头",比如,可以采取聘任制办法解决基层专业干部短缺问题;适当放宽乡镇事业干部考录和转任公务员的年龄限制,在乡镇工作累计达到一定年限的事业干部,考录和转任公务员年龄上限可适当提高。开展面向优秀社区(村)干部,定向选拔乡镇(街道)党政领导班子成员,或定向择优选拔乡镇(街道)事业编制干部工作,逐步解决长期在基层一线工作的干部的身份编制和出路问题。四是激活各个年龄阶段干部资源。创新非领导职务使用方式,改变退二线干部资源浪费现象,建立和完善"二线干部一线发力"机制。鼓励退出领导岗位的干部到重点项目、专项工作或基层一线继续发挥作用,对作用明显、符合提任条件的,在非领导职务晋升上优秀考虑。利用退二线干部群众工作经验丰富特点,开展帮教结对活动,一对一帮带年轻干部。对个别缺少合适人选的岗位,可以聘用"年龄到杠",但能力较强、经验丰富,身体良好的优秀退二线干部担责把关,继续发挥重要作用。可以组建若干个专

① 参考中共舟山市委组织部《完善干部导向 强化干部担当 加快建设新区"四干型"干部队伍》报告。

业团队,按照学历、专业水准、工作经历相近为原则组建若干专家团队,明确职责要求,为党委政府提供专业咨询服务或承担部分督查考核任务。合理使用各年龄段干部,不简单从年龄上划线,调动各个年龄段干部的积极性,盘活新区干部队伍的整体资源。

附　录

附录1：

浙江舟山群岛新区党工委、管委会工作机构设置表

办公室（市委办公室、市政府办公室）	政策研究室	新城管委会	普陀山—朱家尖管委会（普陀山风景名胜区管委会）	金塘管委会	六横管委会	海洋产业集聚区管委会（舟山经济开发区管委会）	舟山港综合保税区管委会

说明：新区党工委、管委会设置工作机构2个。市委办公室、市政府办公室与新区办公室合署办公，分别列入市委、市政府工作部门序列。政策研究室挂市委市政府政策研究室、市经济发展研究中心牌子。

新区党工委、管委会设置部门管理机构2个：督查考核办公室（挂市委市政府督查考核办公室牌子）、口岸与海防管理办公室（挂市口岸与海防管理办公室牌子），由新区办公室管理。

新区管委会设置直属机构6个。普陀山风景名胜区管委会与普陀山—朱家尖管委会合署办公；舟山经济开发区管委会与海洋产业集聚区管委会合署办公，不计入直属机构个数。

附录2:

中共舟山市委工作机构设置表

纪律检查委员会机关(监察局)	办公室(直属机关工作委员会)	组织部	宣传部	统一战线工作部(民族宗教事务局)	政法委员会机关 (市社会管理综合治理委员会办公室、市委防范和处理邪教问题领导小组办公室[市政府防范和处理邪教问题办公室])	台湾工作办公室	机构编制委员会办公室	信访局

说明:市委设置工作机构7个。市委办公室与新区办公室合署办公,直属机关工作委员会与市委办公室合署办公;台湾工作办公室(挂市政府台湾事务办公室牌子)与市政府外事与侨务办公室合署办公;市社会管理综合治理委员会办公室、市委防范和处理邪教问题领导小组办公室(挂市政府防范和处理邪教问题办公室牌子)与政法委员会机关合署办公,不计入市委工作机构个数。市委新经济与新社会组织工作委员会办公室挂靠市委组织部,市新闻办公室(市互联网信息办公室与其合署办公)挂靠市委宣传部。市监察局、市民族宗教事务局分别与纪律检查委员会机关、统战部合署办公,列入市政府工作部门序列。

设置部门管理机构2个:机要局(密码管理局),由市委办公室管理;老干部局,由市委组织部管理。

附录3：

舟山市人民政府工作部门设置表

办公室（法制办公室）	发展和改革委员会（统计局）	经济和信息化委员会	教育局	科学技术局	民族宗教事务局	公安局	监察局	民政局	司法局	财政局	人力资源和社会保障局	住房和城乡建设局（规划局）	交通运输局	水利水务围垦局	农林与渔农村委员会	商务局	海洋与渔业局（海洋行政执法局）	文化广电新闻出版局（体育局）	卫生和计划生育局	审计局	旅游委员会	环境保护局	国土资源局	安全生产监督管理局	外事与侨务办公室（台湾工作办公室）	市场监督管理局	综合行政执法局

说明：市政府设置工作部门25个。市政府办公室与新区办公室合署办公，法制办公室与市政府办公室合署办公；监察局与纪律检查委员会机关合署办公；民族宗教事务局与市委统一战线工作部合署办公；统计局与发展和改革委员会合署办公；规划局与住房和城乡建设局合署办公室；海洋行政执法局与海洋与渔业局合署办公；体育局与文化广电新闻出版局合署办公，不计入政府机构个数。发展和改革委员会挂经济合作与投资促进局、物价局牌子；科学技术局挂地震局牌子；财政局挂国有资产监督管理委员会牌子；住房和城乡建设局挂测绘与地理信息局牌子；农林与渔农村委员会挂市委渔农村工作办公室牌子；商务局挂粮食局牌子；市场监督管理局挂工商行政管理局、质量技术监督局、食品药品监督管理局、食品安全委员会办公室牌子。市委台湾工作办公室（挂市政府台湾事务办公室牌子）与外事与侨务办公室合署办公，列入市委工作机构序列。

设置部门管理机构1个：人民防空办公室（挂民防局牌子），由市政府办公室管理。

附录4:
舟山市定海区党政机构设置情况

一、区委机构设置与调整

1. 将区委办公室、区政府办公室的职责整合,组建区委区政府办公室。不再保留区委办公室、区政府办公室。

2. 将区委办公室的政策研究职责、区政府办公室的政策研究职责整合,组建区委区政府政策研究室,与区委区政府办公室合署办公。

3. 将区委区政府信访局、区政府法制办公室调整为与区委区政府办公室合署办公。

4. 将区政府外事与侨务办公室、区委台湾工作办公室(挂区政府台湾事务办公室牌子)的职责整合,组建区外事侨务与台湾事务办公室,挂区委台湾工作办公室牌子,与区委区政府办公室合署办公。不再保留区政府外事与侨务办公室、区政府台湾事务办公室。

5. 组建区口岸与海防管理办公室,与区委区政府办公室合署办公。

6. 将区委区政府接待办公室调整为相当于副科级事业单位。

7. 将原在区委办公室挂牌的区保密局调整为在区委区政府办公室内设机构挂牌。

8. 将区机构编制委员会办公室、区直属机关工作委员会调整为与区委组织部(挂区委老干部局牌子,区委新经济与新社会组织工作委员会办公室挂靠区委组织部)合署办公。

9. 将区文化新闻出版局、区体育局的职责整合,组建区文体新闻出版局,与区委宣传部合署办公。不再保留区文化新闻出版局、区体育局。

10. 不再保留区委区政府农业和农村工作办公室(挂区新渔农村建设委员会办公室牌子),其职责与区农林局、区海洋与渔业局的职责整合。

保留区纪律检查委员会机关(区监察局与其合署办公)、区委统一战线工作部(区民族宗教事务局与其合署办公)、区委政法委员会机关[区社会管理综合治理委员会办公室、区委维护稳定工作领导小组办公室、区委防范和处理邪教问题领导小组办公室(挂区政府防范和处理邪教问题办公室牌子)与其合署办公]。

调整后,区委共设工作机构6个。具体机构设置见附表1。

二、区政府机构设置与调整

1. 将区经济和信息化局、区科学技术局的职责整合,组建区经济信息化和科学技术局,挂区地震局牌子。区商务局与其合署办公。不再保留区经济和信息化局、区科学技术局。

2. 将在区住房和城乡建设局(区人民防空办公室[民防局]挂靠区住房和城乡建设局)挂牌的区测绘与地理信息局调整为在市规划局定海分局挂牌。

3. 将区农林局、区海洋与渔业局、区委区政府农业和农村工作办公室(挂区新渔农村建设委员会办公室牌子)的职责整合,组建区农林与海洋渔业局,挂区委渔农村工作办公室牌子。不再保留区农林局、区海洋与渔业局。

4. 将区卫生局、区人口和计划生育局的职责整合,组建区卫生和计划生育局。不再保留区卫生局、区人口和计划生育局。

5. 在城市管理领域开展相对集中行政处罚权工作的基础上,进一步深化执法体制改革,探索开展综合行政执法工作,组建区综合行政执法局,区环境保护局与其合署办公。不再保留区城市管理行政执法局。具体组建工作待省政府批准开展综合行政执法工作后再予实施。

6. 将区食品药品监督管理局的职责整合到新组建的市市场监督管理局定海分局。市市场监督管理局定海分局同时承担区食品安全委员会的具体工作,挂区食品安全委员会办公室牌子。

保留区发展和改革局(区统计局与其合署办公,挂区物价局牌子)、区教育局、区民族宗教事务局(与区委统一战线工作部合署办公)、区公安分局、区监察局(与区纪律检查委员会机关合署办公)、区民政局、区司法局、区财政局、区人力资源和社会保障局、区交通运输局、区水利围垦局、区审计局、区旅游局、区安全生产监督管理局。

调整后,区政府共设置工作部门17个。具体机构设置见附表2。

三、区人大常委会、区政协、区人民法院、区人民检察院机关的机构设置

人大、政协机关机构设置，按照《中华人民共和国宪法》《中国人民政治协商会议章程》，进一步完善机关职能，理顺职责关系，合理调整机构设置，形成运转协调、高效的工作机制，为人大依法履行权力机关职能，为政协履行政治协商、民主监督、参政议政职能，提高可靠的组织保证。

法院、检察院机构设置按照其组织法和相关文件精神，坚持从审判和检察工作的实际出发，完善职能配置，调整内设机构，优化人员结构。

附表：1. 定海区委工作机构设置表
　　　2. 定海区政府工作部门设置表

附表1　定海区委工作机构设置表

纪律检查委员会机关（监察局）	区委区政府办公室（政策研究室、信访局、法制办公室、外事侨务与台湾事务办公室、口岸与海防管理办公室）	组织部（机构编制委员会办公室、直属机关工作委员会）	宣传部（文体新闻出版局）	统一战线工作部（民族宗教事务局）	政法委员会机关 〔社会管理综合治理委员会办公室、维护稳定工作领导小组办公室、区委防范和处理邪教问题领导小组办公室（挂区政府防范和处理邪教问题办公室牌子）〕

说明：区委设置工作机构6个。区委区政府政策研究室、区委区政府信访局、区政府法制办公室、区外事侨务与台湾事务办公室、区口岸与海防管理办公室与区委区政府办公室合署办公，区机构编制委员会办公室、区直属机关工作委员会与区委组织部合署办公，区社会管理综合治理委员会办公室、区委维护稳定工作领导小组办公室、区委防范和处理邪教问题领导小组办公室（挂区政府防范和处理邪教问题办公室牌子）与区委政法委员会机关合署办公，不计入区委工作机构个数。区外事侨务与台湾事务办公室挂区委台湾工作办公室牌子，区委组织部挂区委老干部局牌子。区委新经济与新社会组织工作委员会办公室挂靠区委组织部。区监察局与区纪律检查委员会机关合署办公，区文体新闻出版局与区委宣传部合署办公，区民族宗教事务局与区委统一战线工作部合署办公，列入区政府工作部门序列。

附表 2　定海区政府工作部门设置表

发展和改革局（统计局）	经济信息化和科学技术局（商务局）	教育局	民族宗教事务局	公安分局	监察局	民政局	司法局	财政局	人力资源和社会保障局	住房和城乡建设局	交通运输局	水利围垦局	农林与海洋渔业局	文体新闻出版局	卫生和计划生育局	审计局	旅游局	安全生产监督管理局	综合行政执法局（环境保护局）

说明：区政府设置工作部门17个。区统计局与区发展和改革局合署办公，区商务局与区经济信息化和科学技术局合署办公，区民族宗教事务局与区委统一战线工作部合署办公，区监察局与区纪律检查委员会机关合署办公，区文体新闻出版局与区委宣传部合署办公，区环境保护局与区综合行政执法局合署办公，不计入政府机构个数。区发展和改革局挂区物价局牌子，区经济信息化和科学技术局挂区地震局牌子，区农林与海洋渔业局挂区委渔农村工作办公室牌子。区人民防空办公室（民防局）挂靠区住房和城乡建设局。

附录 5：

舟山市普陀区党政机构设置情况

一、区委机构设置与调整

1. 将区委办公室、区政府办公室的职责整合，组建区委区政府办公室。不再保留区委办公室、区政府办公室。

2. 将区委区政府政策研究室、区委区政府信访局、区政府法制办公室调整为与区委区政府办公室合署办公。

3. 将区政府外事办公室、区政府侨务办公室、区委台湾工作办公室（挂区政府台湾事务办公室牌子）的职责整合，组建区外事侨务与台湾事务办公室，挂区委台湾工作办公室牌子，与区委区政府办公室合署办公。不再保留区政府外事办公室、区政府侨务办公室、区政府台湾事务办公室。

4. 将区委区政府接待办公室调整为相当于副科级事业单位。

5.将原在区委办公室挂牌的区保密局调整为在区委区政府办公室内设机构挂牌。

6.将区机构编制委员会办公室、区直属机关工作委员会、区委老干部局调整为与区委组织部(区委新经济与新社会组织工作委员会办公室挂靠区委组织部)合署办公。

7.将区文化广电新闻出版局、区体育局的职责整合,组建区文体广电新闻出版局,与区委宣传部合署办公。不再保留区文化广电新闻出版局、区体育局。

8.不再保留区委区政府渔农村工作办公室(挂区新渔农村建设委员会办公室牌子),其职责与区农林局、区水利围垦局的职责整合。

保留区纪律检查委员会机关(区监察局与其合署办公)、区委统一战线工作部(区民族宗教事务局与其合署办公)、区委政法委员会机关[区社会管理综合治理委员会办公室、区委维护稳定工作领导小组办公室、区委防范和处理邪教问题领导小组办公室(挂区政府防范和处理邪教问题办公室牌子)与其合署办公]。

调整后,区委共设工作机构6个。具体机构设置见附表1。

二、区政府机构设置与调整

1.将区经济和信息化局、区科学技术局的职责整合,组建区经济信息化和科学技术局,挂区地震局牌子。区商务局与其合署办公,挂区粮食局牌子。不再保留区经济和信息化局、区科学技术局。

2.将在区住房和城乡建设局挂牌的区测绘与地理信息局调整为在市规划局普陀分局挂牌。

3.将区旅游发展委员会更名为区旅游局。

4.将区农林局、区水利围垦局、区委区政府渔农村工作办公室(挂区新渔农村建设委员会办公室牌子)的职责整合,组建区农林水利围垦局,挂区委渔农村工作办公室牌子。不再保留区农林局、区水利围垦局。

5.将区卫生局、区人口和计划生育局的职责整合,组建区卫生和计划生育局。不再保留区卫生局、区人口和计划生育局。

6.在城市管理领域开展相对集中行政处罚权工作的基础上,进一步深化执法体制改革,探索开展综合行政执法工作,组建区综合行政执法局,区环境保护局与其合署办公。不再保留区城市管理行政执法局。具体组建工作待省政府批准开展综合行政执法工作后再予实施。

7.将区食品药品监督管理局的职责整合到新组建的市市场监督管理局普陀分局。市市场监督管理局普陀分局同时承担区食品安全委员会的具体工作,挂区食品安全委员会办公室牌子。

保留区发展和改革局(区统计局与其合署办公,挂区物价局牌子)、区教育局、区民族宗教事务局(与区委统一战线工作部合署办公)、区公安分局、区监察局(与区纪律检查委员会机关合署办公)、区民政局、区司法局、区财政局、区人力资源和社会保障局、区交通运输局、区海洋与渔业局、区审计局、区安全生产监督管理局。

调整后,区政府共设置工作部门17个。具体机构设置见附表2。

三、区人大常委会、区政协、区人民法院、区人民检察院机关的机构设置

人大、政协机关机构设置,按照《中华人民共和国宪法》《中国人民政治协商会议章程》,进一步完善机关职能,理顺职责关系,合理调整机构设置,形成运转协调、高效的工作机制,为人大依法履行权力机关职能,为政协履行政治协商、民主监督、参政议政职能,提高可靠的组织保证。

法院、检察院机构设置按照其组织法和相关文件精神,坚持从审判和检察工作的实际出发,完善职能配置,调整内设机构,优化人员结构。

附表:1.普陀区委工作机构设置表
　　　2.普陀区政府工作部门设置表

附表1 普陀区委工作机构设置表

纪律检查委员会机关（监察局）	区委区政府办公室（政策研究室、信访局、法制办公室、外事侨务与台湾事务办公室）	组织部（机构编制委员会办公室、直属机关工作委员会、老干部局）	宣传部（文体广电新闻出版局）	统一战线工作部（民族宗教事务局）	政法委员会机关（社会管理综合治理委员会办公室、维护稳定工作领导小组办公室、区委防范和处理邪教问题领导小组办公室[挂区政府防范和处理邪教问题办公室牌子]）

说明：区委设置工作机构6个。区委区政府政策研究室、区委区政府信访局、区政府法制办公室、区外事侨务与台湾事务办公室与区委区政府办公室合署办公，区机构编制委员会办公室、区直属机关工作委员会、区委老干部局与区委组织部合署办公，区社会管理综合治理委员会办公室、区委维护稳定工作领导小组办公室、区委防范和处理邪教问题领导小组办公室（挂区政府防范和处理邪教问题办公室牌子）与区委政法委员会机关合署办公，不计入区委工作机构个数。区外事侨务与台湾事务办公室挂区委台湾工作办公室牌子。区委新经济与新社会组织工作委员会办公室挂靠区委组织部。区监察局与区纪律检查委员会机关合署办公，区文体广电新闻出版局与区委宣传部合署办公，区民族宗教事务局与区委统一战线工作部合署办公，列入区政府工作部门序列。

附表2 普陀区政府工作部门设置表

发展和改革局（统计局）	经济信息化和科学技术局（商务局）	教育局	民族宗教事务局	公安分局	监察局	民政局	司法局	财政局	人力资源和社会保障局	住房和城乡建设局	交通运输局	农林水利围垦局	海洋与渔业局	文体广电新闻出版局	卫生和计划生育局	审计局	旅游局	安全生产监督管理局	综合行政执法局（环境保护局）

说明：区政府设置工作部门17个。区统计局与区发展和改革局合署办公，区商务局与区经济信息化和科学技术局合署办公，区民族宗教事务局与区委统一战线工作部合署办公，区监察局与区纪律检查委员会机关合署办公，区文体广电新闻出版局与区委宣传部合署办公，区环境保护局与区综合行政执法局合署办公，不计入政府机构个数。区发展和改革局挂区物价局牌子，区经济信息化和科学技术局挂区地震局牌子，区商务局挂区粮食局牌子，区农林水利围垦局挂区委渔农村工作办公室牌子。

附录6：
定海区乡镇、街道行政区划调整情况

一、撤销长白乡、小沙镇，合并设立小沙街道办事处。调整后的小沙街道陆域面积57.8平方千米，辖10个村委会，户籍人口21332人。街道办事处驻庙桥村庙桥中路66号。

二、撤销册子乡、岑港镇，合并设立岑港街道办事处。调整后的岑港街道陆域面积73.48平方千米，辖9个村委会，户籍人口19467人。街道办事处驻司前村新司前街2号。

三、撤销北蝉乡、白泉镇，合并成立新的白泉镇。调整后的白泉镇陆域面积87.89平方千米，辖14个村委会，户籍人口41154人。镇政府驻繁强村万金湖路77号。

四、撤销马岙镇，设立马岙街道办事处。马岙街道陆域面积24.94平方千米，辖6个村委会，户籍人口10221人。街道办事处驻马岙村白马街16号。

五、撤销双桥镇，设立双桥街道办事处。双桥街道陆域面积46.57平方千米，辖6个村委会，户籍人口18798人。街道办事处驻浬溪村双桥路1号。

六、撤销解放街道，将解放街道区域分别划归环南街道和昌国街道管理。解放路以南区域（竹山社区、海山社区、西园社区、晓峰社区、南珍社区等居委会）划归环南街道管理，解放路以北区域（虎山社区、金寿社区、西山社区、西管庙社区、翁山社区等居委会和茅岭村）划归昌国街道管理。环南街道办事处和昌国街道办事处驻地不变。

七、将城东街道的大西岙村、城北村、东湾村、鸭蛋岭村、义桥村划归昌国街道管理；将城东街道的三官堂村、黄土岭村、甬东村、甬庆村、甬金社区居委会划入临城街道管理。

附录 7：

舟山市普陀区乡镇街道行政区划调整情况

一、撤销白沙乡、朱家尖街道，合并成立新的朱家尖街道。调整后的朱家尖街道陆域面积 71.58 平方千米，辖 1 个居委会，9 个村委会，户籍人口 28370 人。街道办事处驻福兴社区福兴路 1 号。

二、撤销登步乡、蚂蚁岛乡、沈家门街道，合并成立新的沈家门街道。调整后的沈家门街道陆域面积 46.07 平方千米，辖 18 个社区居委会，14 个村委会，户籍人口 98164 人。街道办事处驻茶湾社区北渔市大街 8 号。

三、撤销勾山街道和东港街道，合并成立新的东港街道，街道办事处驻浦东村康腾路 36 号。

附录 8：

《浙江舟山群岛新区行政体制改革研究》调查问卷

问卷编号：

尊敬的问卷填写人：

您好，感谢您参与《浙江舟山群岛新区行政体制改革研究》调查问卷，本调查问卷采取无记名方式，调查结果仅用于教学研究。欢迎您对问卷内容做出客观评价。

填写说明：请您在题目后的括号内填写选项序号（如 1 或 1、3、5）。其中前三题为单选题，后两题为多选题，如您认为有其他答案，请填写在相应的"其他____"选项上。

中共舟山市委党校课题组
2014 年 5 月

一、<u>总体上</u>,您如何评价新区行政体制改革的探索实践?(　　　)

1.满意　　　　　　2.基本满意　　　　　3.不满意

二、您对新区行政体制改革"三强三优"探索实践<u>最满意</u>的是哪一项?(　　　)

1.强化新区统筹协调职能　　　　2.强化政府职能转变

3.强化经济功能区建设　　　　　4.优化部门机构设置

5.优化乡镇(街道)行政区划　　　6.优化基层社会管理和公共服务

三、您对新区行政体制改革"三强三优"探索实践<u>最不满意</u>的是哪一项?(　　　)

1.强化新区统筹协调职能　　　　2.强化政府职能转变

3.强化经济功能区建设　　　　　4.优化部门机构设置

5.优化乡镇(街道)行政区划

6.优化基层社会管理和公共服务

四、您认为新区行政体制改革当前面临的<u>主要问题</u>包括?(此题为多选项)(　　　)

1.顶层设计不够科学　　　　　　2.思想认识不够到位

3.管理体制不够顺畅　　　　　　4.机构设置不够合理

5.职能配置不够清晰　　　　　　6.人事安排不够满意

7.运行机制不够完善

8.其他(如有其他答案,请填写)＿＿＿＿＿＿＿＿＿＿＿＿

五、您认为下一步深化新区行政体制改革的<u>必要措施</u>包括?(此题为多选项)(　　　)

1.加强顶层设计　　　　　　　　2.调整行政区划

3.优化部门机构设置　　　　　　4.深化行政审批制度改革

5.理清部门机构职能　　　　　　6.完善运行机制

7.理顺功能区与行政区关系　　　8.深化干部人事制度改革

9.其他(如有其他答案,请填写)＿＿＿＿＿＿＿＿＿＿＿＿

附录 9：

《浙江舟山群岛新区行政体制改革研究》
问卷调查结果示意图

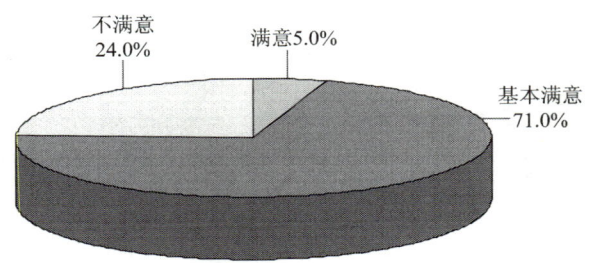

图 1　新区行政体制改革的探索实践的总体评价

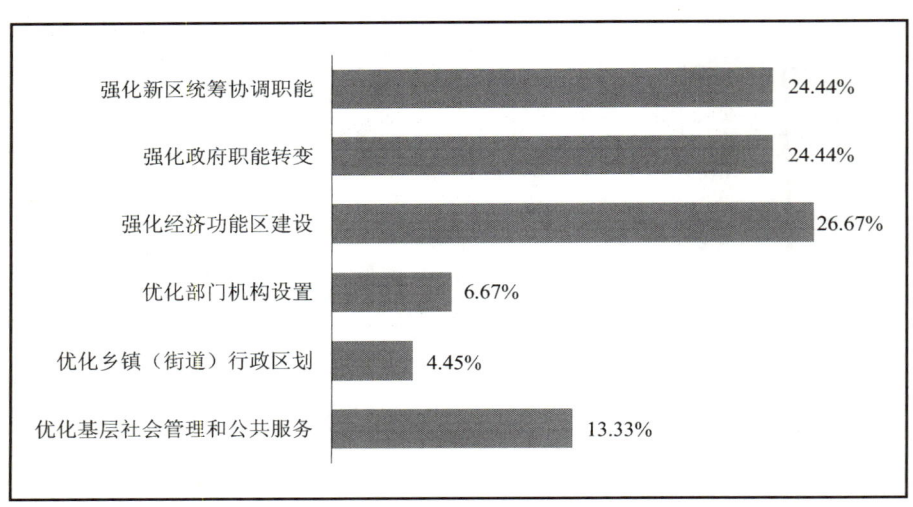

图 2　新区行政体制改革探索实践"最满意"选项

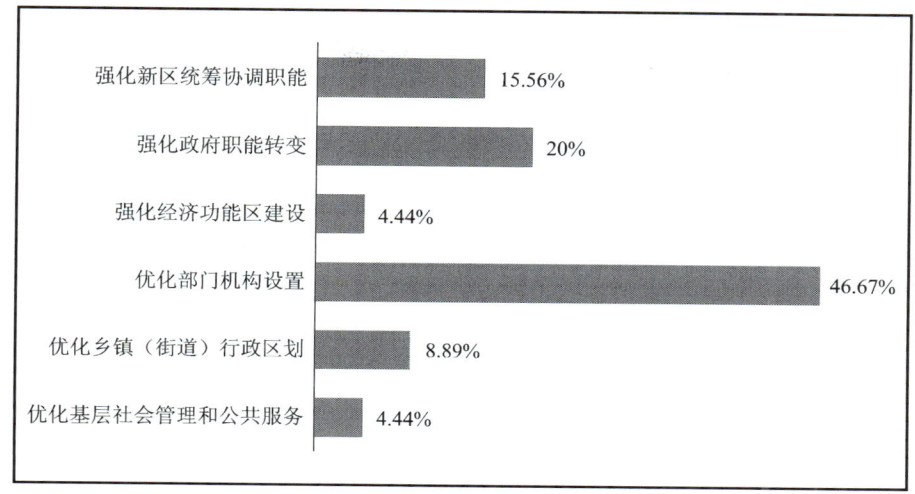

图3 新区行政体制改革探索实践"最不满意"选项

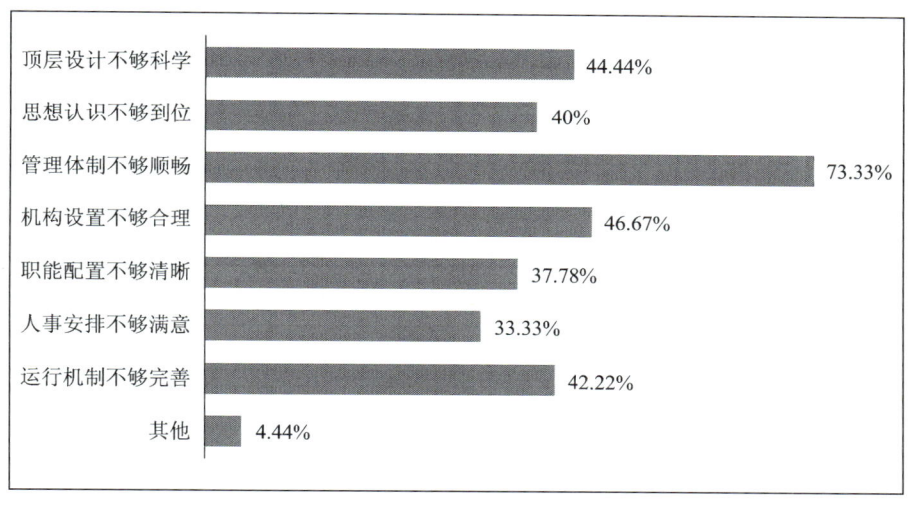

图4 新区行政体制改革当前面临的主要问题

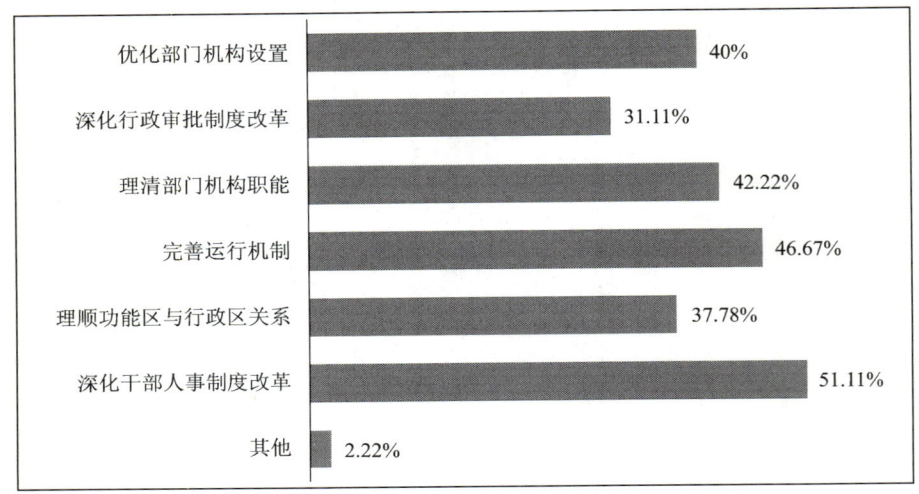

图5 下一步深化新区行政体制改革的主要措施

主要参考文献

［1］Denhardt Robert B and Denhardt Janet Vinzant. The new public service,seving rather than steering［J］. Public Administration Review,2000（6）.

［2］Hood C. A public management for all seasons［J］. Public Administration,1991（1）.

［3］薄贵利.深化行政管理体制改革的核心和重点［J］.中国行政管理,2009（7）.

［4］曹云.国家级新区比较研究［M］.北京:社会科学文献出版社,2014.

［5］柴生秦.新公共管理对中国行政管理改革的借鉴意义［J］.西北大学学报（哲学社会科学版）,2000（2）.

［6］陈文权,文茂伟.两江新区行政管理体制架构设计探索——基于对浦东及滨海新区实践的借鉴［J］.中共四川省委省级机关党校学报,2012（3）.

［7］陈振明,李德国.国家综合配套改革试验区的实践探索与发展趋势［J］.中国行政管理,2008（11）.

［8］崔卓兰,蔡立东.从压制型行政模式到回应型行政模式［J］.法学研究,2002（4）.

［9］戴维·奥斯本.再造政府——企业家精神如何改革着公营部门［M］.上海:上海译文出版社,1996.

［10］戴维·奥斯本,特德·盖布勒.改革政府［M］.上海:上海译文出版社,1996.

［11］丁煌.当代西方公共行政理论的新发展［J］.公共行政,2006（3）.

［12］丁煌.西方公共行政管理理论精要［M］.北京:中国人民大学出版社,2005.

［13］丁卫.重庆两江新区发展战略研究［D］.西南财经大学,2012.

［14］丁友良.舟山群岛新区行政管理体制创新——基于国家级新区行政管理体制的比较研究［J］.中共浙江省委党校学报,2013(5).

［15］冯春,类延村,赵杰.重庆两江新区管理变革中应注意的十大问题［J］.重庆科技学院学报(社会科学版),2012(5).

［16］高小平.国家治理体系与治理能力现代化的实现路径［J］.中国行政管理,2014(1).

［17］格里·斯托克.作为理论的治理:五个论点［J］.国际社会科学杂志.1991(1).

［18］关爽.滨海新区行政管理体制改革的路径选择探究［J］.中山大学研究生学刊(社会科学版),2009(3).

［19］国家行政学院研究室,上海浦东新区人民政府.转型中的政府——上海浦东新区政府体制创新报告［M］.北京:国家行政学院出版社,2002.

［20］［美］珍妮特·V·登哈特.新公共服务:服务,而不是掌舵［M］.丁煌,译.北京:中国人民大学出版社,2004.

［21］韩玉奇.回顾伟大历程肩负时代使命:纪念改革开放三十年文集［M］.沈阳:辽宁人民出版社,2008.

［22］郝寿义.国家综合配套改革试验区研究［M］.北京:科学出版社,2008.

［23］胡光伟,刘景山.新世纪干部人事工作手册［M］.北京:人民日报出版社,2006

［24］黄小勇.政府流程再造视野下的行政审批标准化建设［J］.行政管理改革,2012(4).

［25］惠冰.复合型经济功能区管理体制创新构想——以天津滨海新区为例［J］.天津社会科学,2008(4).

［26］吉利斯帕奎特.通过社会学习的治理(英文版)［M］.奥特瓦大学出版社,1999.

［27］井敏.国内服务型政府研究的四种角度［J］.新视野,2006(3).

［28］类延村.重庆两江新区行政体制模式探索［J］.重庆科技学院学报(社会科学版),2011(10):90-95.

［29］李玉耕.20世纪60年代以来的西方公共行政理论述评［J］.上海行政学院学报.2012(13).

［30］刘熙瑞. 服务型政府——经济全球化背景下中国政府改革的目标选择［J］. 中国行政管理,2002(7).

［31］刘熙瑞. 加入 WTO 与服务型政府建设［J］. 国家行政学院学报,2002(1).

［32］刘先春,王小鹏. 十八届三中全会以来关于全面深化改革研究的综述［J］. 探索,2014(6).

［33］全球治理委员会. 我们的全球伙伴关系［M］. 牛津大学出版社,1995.

［34］任剑涛. 为政之道:1978－2008 中国改革开放的理论综观［M］. 广州:中山大学出版社,2008.

［35］石佑启、杨治坤. 论行政体制改革与善治［J］. 江汉大学学报(社会科学版),2009(1).

［36］谢国平. 浦东样本——财富增长的试验［M］. 上海:上海人民出版社,2010.

［37］孙彩红. 中国责任政府构建与国际比较［M］. 北京:中国传媒大学出版社,2008.

［38］孙建军,丁友良,汪凌云. 回顾与展望:改革开放 30 年中国行政管理体制改革［J］. 浙江海洋学院学报(人文科学版),2009(1).

［39］孙建军,丁友良,王一程. 浙江舟山群岛新区行政体制改革探索实践、创新特色和未来展望［J］. 浙江海洋学院学报(人文科学版),2015(2).

［40］瓦尔特·J·基克特,埃里克·汉斯. 管理复杂网络(英文版)［M］. 赛奇出版社,1997.

［41］王枫云. 从新公共管理到新公共服务——西方公共行政理论的最新发展［J］. 行政论坛,2006(1).

［42］王佳宁,罗重谱. 国家级新区管理体制与功能区实态及其战略取向［J］. 改革,2012(3).

［43］王浦劬. 关于深化中国特色社会主义行政管理体制研究的几点认识［J］. 中国行政管理,2010(4).

［44］王浦劬. 论新时期深化行政体制改革的基本特点［J］. 中国行政管理,2010(2).

［45］魏礼群. 建立和完善中国特色社会主义行政管理体制——行政管理体制改革 30 年回顾与前瞻［J］. 求是,2009(2).

[46]吴锦良.政府改革与第三部门发展[M].北京:中国社会科学出版社,2001.

[47]武自然.首次国家级新区工作经验交流会举行[N].经济日报,2015 - 06 - 19.

[48]向朝阳,李平.法治探索与法律实践[M].成都:四川大学出版社,2009.

[49]谢庆奎.服务型政府建设的基本途径:政府创新[J].北京大学学报(哲学社会科学版),2005(1).

[50]颜春友.进入21世纪,政府该怎样定位,做什么,怎样做[J].体制改革,2001(2).

[51]杨钊.滨海新区行政管理体制推行大部制的实践与探索[J].港口经济,2013(3).

[52]俞可平.治理与善治[M].北京:社会科学文献出版社,2000.

[53]云兵兵.行政伦理视角下我国责任政府的构建[D].山东师范大学,2011.

[54]张成福,党秀云.中国公共行政的现代化——发展与变革[J].行政论坛,1995(4).

[55]张康之.行政道德的制度保障[J].浙江社会科学,1998(4).

[56]张伟伟.滨海新区行政管理体制改革问题研究[J].天津经济,2008(8).

[57]张玉枝.“小政府、大社会、大服务”的新型行政管理模式探讨——兼论浦东新区行政管理体制的完善和发展[J].华东师范大学学报(哲学社会科学版),1995(2).

[58]赵立兵.重庆两江新区行政管理体制改革路径浅析[J].决策导刊,2011(3).

[59]郑方辉,卢扬帆.法治政府建设及其绩效评价体系[J].中国行政管理,2014.

[60]周家新,郭卫民,刘为民.我国开发区管理体制改革探讨[J].中国行政管理,2010(5).

[61]周望.改革开放以来政府机构的回溯、反思与展望[J].行政论坛,2009(5).